Barrierefreie Dokumente und PDF

Domingos de Oliveira

BARRIEREFREIE DOKUMENTE UND PDF

Projektmanagement, Gestaltung und Umsetzung in Office

Bibliografische Information der Deutschen Nationalbibliothek:
Die Deutsche Nationalbibliothek verzeichnet diese Publikation in der Deutschen Nationalbibliografie; detaillierte bibliografische Daten sind im Internet über http://dnb.dnb.de abrufbar.

© 2022 Domingos de Oliveira

Korrektorat / Design: Katja Heimbach
Herstellung und Verlag: BoD – Books on Demand, Norderstedt

ISBN: 978-3-7562-3358-8

Inhalt

Einleitung

Dieses Buch soll Sie in das Thema barrierefreie Dokumente und PDF einführen. Es richtet sich an Personen, die Dokumente mit Office barrierefrei umsetzen möchten, aber auch an Projekt-Verantwortliche, welche die Qualitätssicherung oder Abläufe zu barrierefreien PDF optimieren wollen.

Das Buch hat vier große Themen:

- Barrierefreiheit bei Dokumenten und PDF verstehen
- Projektmanagement für barrierefreie Dokumente
- barrierefreie Dokumente mit Office-Bordmitteln erstellen
- Tipps für Best Practices für Typografie, Informationsgrafiken und Bild-Beschreibungen

Einige Themen werde ich in diesem Buch nicht behandeln: Das Nachbearbeiten von PDF mit Desktop-Publishing-Programmen wie Adobe Acrobat und InDesign sowie programmiertes Verhalten in Dokumenten bleiben außen vor. Leider wird auch das Thema barrierefreie interaktive Formulare nicht behandelt: Das ist mit Microsoft Office derzeit nicht umsetzbar.

Dieses Buch richtet sich an Personen, die einen hohen Grad an Barrierefreiheit für ihre Dokumente erreichen wollen und bereit sind, wo es Ihnen möglich ist, über die Standards hinauszugehen. Wenn Ihr Ziel darin besteht, in einem beliebigen Prüf-Tool lauter grüne Haken zu bekommen, ist das legitim, aber nicht Anspruch dieses Leitfadens. Meines Erachtens ist es wichtiger, eine hohe Zahl an für behinderte Menschen nutzbaren Dokumenten zu generieren. Viele Expertinnen bestehen auf der Einhaltung von technischen Standards, auch wenn sie in der Praxis kaum Vorteile bieten.

In meiner praktischen Arbeit habe ich immer wieder festgestellt, dass der Bedarf an Informationen in Buchform sehr groß ist. Es gibt zwar zahlreiche Informationsquellen im Internet. Doch ist es gerade für Einsteigende schwierig, die Qualität der Informationen zu beurteilen. Die bisherigen Publikationen sind teils sehr umfangreich und im Arbeits-Alltag nicht so leicht aufzunehmen.

Wie in so vielen Bereichen gibt es auch beim Thema barrierefreie Dokumente relativ wenige Informationen von Betroffenen. Es gibt einen Gap zwischen jenen, die Inhalte erstellen und denjenigen, die sie nutzen sollen. Diese Lücke kann ich nicht ganz füllen, aber einen Versuch ist es wert.

Die einzelnen Teile des Buches bauen nicht aufeinander auf. Um das Thema Barrierefreiheit bei Dokumenten zu verstehen, sollten Sie aber zumindest die ersten drei Abschnitte lesen.

Dokumente barrierefrei zu gestalten, lernen Sie nicht durch das Lesen von Büchern, sondern vor allem durch die praktische Arbeit. Sie sollten also die neuen Techniken möglichst zeitnah umsetzen, um von dem Buch profitieren zu können. In der Theorie klingt Vieles einfach und nachvollziehbar, in der Umsetzung wird es dann kompliziert. Ein weiterer Grund für den Hinweis, dass Sie selbst entscheiden müssen, was Sie wann umsetzen, wenn es über die Standards hinausgeht.

Ich habe in diesem Buch die weibliche oder geschlechtsneutrale Formen verwendet, Männer sind mitgemeint. Tatsächlich werden aber die meisten Lesenden dieses Buches weiblich sein. Generell sind Frauen in den Berufen mit Bezug zur digitalen Barrierefreiheit wie Kommunikation oder Design stark vertreten.

Aus praktischen Gründen habe ich auf weiterführende Verweise in diesem Buch verzichtet. Die Zahl an Büchern ist überschaubar und die wenigsten Menschen sind bereit, Links abzutippen. Sie finden auf meiner Website netz-barrierefrei.de zahlreiche weiterführende Links zu den einzelnen Kapiteln. Wenn Sie selbst nach Informationen recherchieren wollen, sollten Sie es direkt auf Englisch versuchen und aktuelle Quellen vorziehen.

Zuletzt noch zu einer Frage, die in meinen Schulungen häufig aufkommt: Müssen wir das jetzt alles umsetzen, was der Oliveira da sagt? Wie so oft ist die Antwort nicht ganz klar. Was durch Gesetze und Richtlinien vorgegeben ist, muss von den zu deren Einhaltung Verpflichteten umgesetzt werden. Das gilt vor allem für alle öffentlichen Institutionen. Das gilt nicht erst seit der EU-Richtlinie 2016-2102, die in diesem Zusammenhang oft erwähnt wird. Vielmehr gibt es die BITV bereits seit 2002, sie hätte also schon seit 20 Jahren umgesetzt werden müssen. Es gibt aber auch eine gewisse Schwammigkeit in den Gesetzen: Einerseits muss Barrierefreiheit nicht umgesetzt werden, wenn sie für die Einrichtung eine unverhältnismäßige Belastung wäre (§ 12 a, Absatz 6 BGG). Andererseits wird durchaus gefordert, dass über die Standards hinausgegangen werden sollte und nutzer-spezifische Anforderungen berücksichtigt werden sollen (§ 3, Absatz 2, Satz 3 BITV).

Um es kurz zu machen: Die Pflicht-Anforderungen müssen naturgemäß erfüllt werden. Für alle optionalen Aspekte möchte ich Sie in die Lage versetzen, eine informierte Entscheidung zu treffen. Wenn Sie meine Argumente nicht schlüssig finden, steht es Ihnen frei, es anders zu machen.

Zu meinem Hintergrund: Ich arbeite seit dem Jahr 2010 im Bereich digitale Barrierefreiheit. Seit dem Jahr 2017 biete ich Schulungen zur Barrierefreiheit mit Office an. Ich konnte verschiedene Organisationen zum Umgang mit Dokumenten beraten. Daneben kann ich auf über zehn Jahre Tätigkeit als freiberuflicher Online-Redakteur zurückblicken.

Ich bin von Geburt an blind und kenne daher sowohl die Perspektive des von Barrieren Betroffenen als auch jene des Inhalte-Erstellers. Da ich noch einen nutzbaren Sehrest habe, schwanke ich ein wenig zwischen Blindheit und Sehbehinderung. Deshalb kann ich zumindest was Lese-Einschränkungen angeht auch meine eigenen Erfahrungen einfließen lassen.

Grundlagen barrierefreier Dokumente

In diesem Abschnitt möchte ich einige allgemeine Informationen zum Thema barrierefreie Dokumente zusammenfassen. Vorneweg eine kleine Klärung dazu, wie ich die Begriffe in diesem Buch verwende.

Mit Dokumenten sind sämtliche Formate gemeint, in welchem Inhalte weitergegeben werden können. In diesem Buch geht es vor allem um Dokumente, die mit Office erstellt werden können.

Mit Quell-Dokument oder Source-Dokument sind Dokumente gemeint, die in einem Format erstellt wurden, in welchem sie in der Regel nicht final weitergegeben werden. Das sind zum Beispiel Office-Formate, aber auch Latex oder Markdown.

Ich unterscheide zwischen Autoren- und Profi-Tools. Autoren-Tools sind Programme, die in der Regel auch ohne Einarbeitung genutzt werden können, in unserem Fall also fast immer Microsoft Office. Profi-Tools erfordern eine größere Einarbeitung, in unserem Fall sind Programme zum Desktop Publishing (DTP) wie Adobe Acrobat oder Adobe InDesign gemeint.

Rechtliche Vorgaben und Richtlinien

Generell lässt sich bezüglich Barrierefreiheit zwischen verschiedenen Rechtsakten unterscheiden. Gesetze legen allgemeine Vorgaben fest. Diese werden in Verordnungen spezifiziert. Weiterhin gibt es Standards, die konkrete Anforderungen festlegen. Diese Standards können, müssen aber keine Industrie-Normen der ISO oder des DIN sein.

In Deutschland gibt es mehrere relevante Richtlinien und Gesetze, die zur Barrierefreiheit verpflichten. Die Verpflichtung gilt auch für interne Dokumente, wenn die jeweilige Organisation Menschen mit Behinderung beschäftigt.

Das wichtigste Gesetz ist das Behinderten-Gleichstellungsgesetz. Es formuliert in § 4 allgemeine Anforderungen zur Barrierefreiheit. Diese allgemeinen Anforderungen werden in Verordnungen wie der Barrierefreie-Informationstechnik-Verordnung spezifiziert.

Daneben gibt es Gesetze für den Arbeitsplatz wie die Arbeitsstätten-Verordnung. Sie verpflichten zur Barrierefreiheit, wenn ein behinderter Mitarbeiter beschäftigt wird. Öffentliche Einrichtungen sind unabhängig davon immer zur digitalen Barrierefreiheit verpflichtet.

Auch die Behinderten-Rechtskonvention verpflichtet in Artikel 9 dazu, einen barrierefreien Zugang zu Informationen zu schaffen. Weil Deutschland die Konvention ratifiziert hat, ist es verpflichtet, die Vorgaben der Konvention umzusetzen.

In Deutschland gibt es aktuell (2022) für Unternehmen und Non-Profit-Organisationen nur wenige Vorschriften, die sie dazu verpflichten, Dokumente barrierefrei bereit zu stellen. Ausnahme sind arbeitsrechtliche Anforderungen, wenn etwa ein behinderter Mitarbeiter beschäftigt wird. Auch wenn Sie für ein bestimmtes Projekt PDFs erstellen und dafür eine Förderung vom Staat erhalten wird häufig gefordert, dass das PDF barrierefrei ist. Last not least sind auch Organisationen, die sich zu 50 Prozent oder mehr aus öffentlichen Mitteln finanzieren zur Barrierefreiheit verpflichtet.

Ein relativ neues Gesetz ist das Barrierefreiheits-Stärkungs-Gesetz. Es wurde im Mai 2021 verabschiedet und verpflichtet einige Akteure aus der Privat-Wirtschaft zur Barrierefreiheit. Dazu gehören auch die Anbieter von eBooks und eBook-Readern.

Es ist noch nicht festgelegt, welche Vorschriften für die Anbieter gelten werden. Sehr wahrscheinlich wird man für eBooks aber keine eigenen Vorschriften erlassen. Vielmehr wird man auf geltende Standards wie die WCAG bzw. die EN 301 549 zurückgreifen. Diese Standards sind auf alle elektronischen Dokumenten-Formate anwendbar.

In den USA gibt es den Americans with Disabilities Act. Er verpflichtet auch Privatunternehmen zur Barrierefreiheit. Im Zusammenhang mit Webseiten und Apps hat er bereits zu einigen Klagen gegen Privat-Unternehmen geführt. Ist Ihre Organisation in anderen Ländern aktiv, sollten Sie prüfen, ob für Sie spezielle Anforderungen der Barrierefreiheit im Zielland gelten.

WCAG und EN 301549

Das Thema Standards für digitale Barrierefreiheit ist generell nicht leicht zu durchschauen. Wichtig ist vor allem, die Grundlagen der Barrierefreiheit zu verstehen, die Standards auseinanderzuhalten und sinnvoll für die Auftragssteuerung zu verwenden.

Ausschlaggebend für die digitale Barrierefreiheit in Deutschland ist die Barrierefreie-Informationstechnik-Verordnung (BITV) 2.0. Sie regelt, welche Anforderungen für die digitale Barrierefreiheit generell gelten. Bis zum Jahr 2019 enthielt sie eigene Anforderungen zur Barrierefreiheit. Seit der Umsetzung der EU-Richtlinie 2016-2102 in deutsches Recht im Mai 2019 enthält die BITV keine technischen Anforderungen an die Barrierefreiheit mehr. Vielmehr verweist sie in § 3 Absatz 2 auf harmonisierte Standards der Europäischen Union. Dieser harmonisierte Standard ist die EU-Norm EN 301 549. Diese Norm hat Versionsnummern und wird regelmäßig weiterentwickelt und ergänzt.

Die EN 301 549 wird von der ETSI entwickelt, dem European Telecommunications Standards Institute. Die Norm formuliert Anforderungen zur Barrierefreiheit bei technischen Systemen. Anforderungen an Non-web documents werden in Kapitel 10 des Standards zusammengefasst. Im Prinzip ist die EN 301549 in diesem Bereich die Umsetzung der WCAG in eine EU-Norm.

Die WCAG werden von der Web Accessibility Initiative (WAI) erstellt und betreut. Die WAI ihrerseits ist eine Arbeitsgruppe innerhalb des W3C.

Die WCAG soll prinzipiell auf alle denkbaren digitalen Oberflächen bzw. Inhalte anwendbar sein. Ihr Schwerpunkt liegt aber ganz klar auf Webseiten. Nicht alle Anforderungen der WCAG lassen sich auf Nicht-Web-Dokumente übertragen. Auch fast alle Materialien der WAI beschäftigen sich mit barrierefreien Webseiten.

Alle Kriterien der WCAG sind drei Konformitätsstufen zugeordnet: A, AA und AAA, wobei A die Mindest-Konformität und AAA die höchste Konformität ist. Möchte man also Konformität nach Stufe AAA erreichen, müssen alle Anforderungen der Stufe A und AA erfüllt werden.

Die WCAG basiert auf vier Prinzipien (Principles):

- wahrnehmbar - perceivable
- bedienbar - operable
- verständlich - understandable
- robust

Robust bezieht sich darauf, dass ein Dokument mit möglichst vielen Hilfstechnologien funktionieren soll.

Die vier Prinzipien teilen sich in 13 Richtlinien auf. Diese Richtlinien formulieren allgemeine Anforderungen. Spezifische Anforderungen schließlich stehen in den 78 Erfolgskriterien, welche sich auf die 13 Richtlinien verteilen.

Die Erfolgskriterien sind auf Testbarkeit ausgelegt. Es werden also nur Anforderungen in die WCAG aufgenommen, deren Erfüllung sich überprüfen lässt.

Die WCAG-Anforderungen sind teils abstrakt. Jedes Erfolgskriterium ist mit einem Dokument namens „Understanding WCAG 2.X" verknüpft. Dort finden Sie Erklärungen zum jeweiligen Erfolgskriterium und praktische Beispiele. Das Dokument „How to meet WCAG 2.X" beschreibt vor allem Techniken, die sich auf das Web beziehen. Dennoch ist es zum Verständnis der Anforderungen sowie für das Erkennen häufiger Fehler hilfreich.

Für die typischen Office-Formate gibt es keine eigenen Barrierefreiheits-Standards. Hier können analog die WCAG-Anforderungen bzw. die EN 301549 als Basis verwendet werden. Office-Anbieter aus den USA wie Microsoft, Google und Apple orientieren sich in erster Linie an der Section 508, dem US-amerikanischen Pendant der deutschen BITV.

PDF Universal Accessibility (PDF UA)

Im Zusammenhang mit barrierefreien PDF ist stets auch die Norm PDF Universal Accessibility (PDF UA) zu nennen. Häufig ist in Ausschreibungen zu lesen, dass der Standard PDF UA zu erfüllen sei. Allerdings ist PDF UA nicht der Standard für barrierefreie PDF.

Der Standard PDF UA wird von der PDF Association bzw. der Arbeitsgruppe PDF UA Foundation entwickelt. Diese Organisation kümmert sich um die Verwaltung des gesamten PDF-Formats und entwickelt es weiter.

Damit die drei Ebenen Client, Reader und assistive Technologie einander verstehen, benötigen sie eine gemeinsame Sprache, einen Standard, nach dem Barrierefreiheits-Informationen hinterlegt und ausgelesen werden können. Das ist PDF UA. PDF UA versucht, die technisch unspezifischen Anforderungen der WCAG in konkrete technische Anforderungen für PDFs zu übersetzen.

Ein Beispiel: Die WCAG fordert, dass Inhalte wie Überschriften oder Listen maschinen-lesbar formatiert sind oder dass Bilder beschrieben werden. PDF UA beschreibt, wie diese Forderung für barrierefreie PDFs konkret technisch umzusetzen ist. Das ist notwendig, damit unterschiedlichste Programme wie Erstellungs-Tools, Lese-Programme und assistive Technologien wissen, wie sie mit barrierefreien PDFs umgehen sollen.

Der Standard PDF UA legt nicht nur die technischen Anforderungen für die Gestaltung barrierefreier PDFs fest. Er sagt auch, welche Voraussetzungen Programme zur Erstellung und Anzeige barrierefreier PDFs erfüllen müssen. Nur wenige der gängigen PDF-Tools können barrierefreie PDFs erstellen oder korrekt anzeigen.

PDF UA richtet sich primär an die Entwicklerinnen von PDF-Programmen wie Lese-Programme, Prüf- und Erstellungs-Werkzeugen und assistiven Technologien. Für die Erstellenden barrierefreier PDF ist eher die WCAG relevant.

In der EU-Norm EN 301 549 wird ausdrücklich nicht PDF UA als Anforderung an barrierefreie Dokumente und PDFs genannt, sondern die WCAG 2.1. Auch in den Richtlinien anderer Länder wie der USA wird nicht PDF UA, sondern WCAG 2.1 als Standard referenziert.

Dieser Punkt ist wichtig, weil er sehr häufig missverstanden wird. PDF UA bleibt hinter den Anforderungen der WCAG zurück. PDF UA ist eine konkrete Möglichkeit, einen Teil der WCAG-Anforderungen technisch in PDF umzusetzen. PDF UA-Konformität ist allerdings nicht mit Barrierefreiheit gleichzusetzen und auch keine Voraussetzung, um WCAG 2.1 zu erfüllen.

Ein wichtiges Dokument ist daneben das Matterhorn-Protokoll. Es formuliert eine Reihe teils automatisierter, teils manueller Prüfschritte, um Dokumente auf Barrierefreiheit bzw. Erfüllung von PDF UA zu prüfen. Das Matterhorn-Protokoll steht in der aktuellen Version im Internet in einer deutschen Übersetzung zur Verfügung.

Standards vs. Best Practices

Keine Frage, die Standards müssen erfüllt werden. Allerdings sind die Standards stets ein Minimal-Konsens der beteiligten Parteien. Es gibt keine Vorschrift, wonach man nicht über die Standards hinausgehen darf.

Eine Möglichkeit sind Best Practices. Es handelt sich dabei etwa um Design Patterns, welche die Arbeit erleichtern, weil sie gängigen Konventionen folgen. Wenn Sie zum Beispiel ein Formular zu Ihrer Person ausfüllen, sind die einzelnen Felder nach einem bestimmten Schema geordnet. Häufig ist das Anrede, Vorname, Nachname, Straße, PLZ und so weiter. Die Reihenfolge könnte aber auch PLZ, Vorname, Anrede, Wohnort, Nachname und so weiter sein. Für eine Software, welche die Daten verarbeitet, würde das keinen Unterschied machen, aber es wäre nicht sehr nutzerfreundlich.

Eine Best Practice kann zum Beispiel auch Sicherheits-Einstellungen betreffen. PDF erlaubt einige Abstufungen bei den Sicherheits-Mechanismen. Sie können zum Beispiel alle Mechanismen aktivieren, aber den Zugriff durch assistive Technologien erlauben. Das ist durch die Richtlinien nicht verboten.

Allerdings verwenden nicht alle Menschen mit Behinderung dedizierte assistive Technologien. Personen mit Lernstörung zum Beispiel können auf alternative Lese-Werkzeuge zurückgreifen, um Texte an ihre Bedürfnisse anzupassen. Das funktioniert allerdings nicht, wenn das PDF mit Schutz-Mechanismen versehen ist. Wie so oft verhindern solche Mechanismen nicht das, was sie verhindern sollen, sondern verringern den Nutzungs-Komfort für diejenigen, die auf die Inhalte angewiesen sind.

Ich werde in diesem Buch immer darauf hinweisen, wenn ich Empfehlungen gebe, die über den Standard hinausgehen.

Das Problem Barrierefreiheit in PDF

In diesem Abschnitt erkläre ich, warum ich das Thema barrierefreie PDFs mit DTP-Werkzeugen auf absehbare Zeit nicht für praxistauglich halte. Dieser Abschnitt ist von meiner persönlichen Meinung und der Enttäuschung von den Expertinnen sowie der Firma Adobe geprägt. Ich bin mir bewusst, dass den meisten Expertinnen das ganze Buch und besonders dieser Abschnitt nicht gefallen werden. Damit kann ich aber besser leben als mit dem Mythos, dass PDF einen ähnlichen Grad an Barrierefreiheit erreichen kann wie Webseiten.

Ursprünglich wurde PDF als plattform-unabhängiges Format geschaffen. Es sollte unter jedem Betriebssystem gleich aussehen. Im Vordergrund stand daher die pixel-genaue Positionierung von Elementen und nicht der Einsatz von semantischen Informationen. Das Gegenmodell ist HTML:

HTML enthielt von Anfang an semantische Informationen und passte sich ansonsten an das Display an. Reines HTML war also schon seit seiner Erfindung relativ barrierefrei.

PDF hat sich dann als Druckvorlage für Broschüren und andere Dokumente durchgesetzt. Nach und nach hat es sich dann eingebürgert, für den Druck optimierte PDFs ins Internet zu stellen, obwohl sie für den Bildschirm im besten Fall eingeschränkt geeignet sind.

Es war also nicht vorgesehen, dass PDF sich an den Bildschirm anpasste oder Informationen für Barrierefreiheit enthielt. Die Barrierefreiheit muss nachträglich übergestülpt werden, was bis heute ein aufwendiger und fehleranfälliger Prozess ist. Zwar können PDFs schon seit vielen Jahren mit Barrierefreiheits-Informationen, den Tags, versehen werden. Doch kam erst 2012 mit PDF UA ein einheitlicher technischer Standard für barrierefreie PDFs auf.

Nach wie vor schleppt PDF noch Altlasten mit sich herum: So ist das Thema PDF Reflow ein Dauerbrenner. PDF Reflow bzw. der Umfließen-Modus ist eine Technik, mit der Inhalte herangezoomt und korrekt linearisiert werden können: Aus einem mehrspaltigem Inhalt wird eine Spalte, wobei der Text immer weiter vergrößert werden kann und Bilder nach wie vor an der korrekten Stelle angezeigt werden können. Bei responsiven Webseiten ist das heute kein Problem. Allerdings ist PDF Reflow nicht in den Standard eingeflossen, es ist eine proprietäre Technik von Adobe, fehler-anfällig und oftmals nicht umsetzbar.

Der PDF UA-Standard ist zum Zeitpunkt des Erscheinens des Buches ca. 10 Jahre alt. Es sind zahlreiche neue Versionen der Adobe-Programme erschienen. PDF ist inzwischen ein ISO-Standard.

Dennoch bleibt der Fakt, dass die Nachbearbeitung von PDF-Dokumenten mit DTP-Werkzeugen eine Katastrophe ist. Die Lernkurve ist bei komplexeren Dokumenten enorm hoch, ebenso wie der Zeitaufwand. Die Programme haben ihre Eigenheiten, die man kennen muss. So können einige Änderungen bei Acrobat nicht rückgängig gemacht werden oder komplexe Tabellen nicht mit InDesign barrierefrei gemacht werden. Warum? Das bleibt Adobes Geheimnis.

Der Löwenanteil der Bearbeitung erfolgt in Autoren-Programmen. In Acrobat und Co. geht es vor allem um Mikro-Optimierung. Hier gilt das Pareto-Prinzip: 20 Prozent der Arbeit für 80 Prozent der Barrierefreiheit in der Autoren-Software, 80 Prozent der Arbeit für 20 Prozent Barrierefreiheits-Optimierung in der Profi-Software.

Es gibt Menschen, die praktisch nichts Anderes tun als PDFs barrierefrei zu machen. Das ist auch notwendig, denn durch Nebenbei-Machen kann man nicht die nötige Erfahrung sammeln. Es spricht für sich, dass sich viele teure Erweiterungen und Zusatz-Programme entwickelt haben, welche die Mankos von Adobe-Programmen kompensieren sollen. Es spricht auch für sich, dass Adobe die Barrierefreiheits-Werkzeuge nur in der teuren Pro-Version zur Verfügung stellt.

Barrierefreie PDFs bringen bis heute einige fragwürdige Maßnahmen mit: Der größte Unsinn ist ein PDF-UA-Flag. Um konform mit PDF UA zu sein, müssen Sie ein PDF-UA-Flag setzen. Dieses Flag sagt aber nichts darüber aus, ob das Dokument barrierefrei ist oder nicht. Es spricht denke ich auch für sich, dass man bis heute keine vernünftige Umsetzung für Reflow gefunden hat – ein Problem, dass bei HTML-Seiten praktisch nicht existiert.

Tags sind schön und gut für Blinde, aber die Zahl der Lese- und Sehbehinderten ist um ein Vielfaches größer und für diese Gruppen sind PDFs nicht im Ansatz barrierefrei. Alle Anforderungen der Anpassbarkeit wie Reflow, Änderung von Abständen, Einsatz eigener Schriften und vieles mehr ist mit PDF nicht umsetzbar. Mir scheint, dass außer Blinden alle anderen Behinderten-Gruppen bei PDF vergessen wurden.

Besonders ärgert mich, dass viele behinderte Menschen von der Erstellung barrierefreier PDFs ausgeschlossen sind. Keines der DTP-Tools ist nutzbar, wenn man keine Maus verwenden kann. Wir sind also einmal mehr auf das Wohlwollen Nicht-Behinderter angewiesen. Das verstößt gegen mein Verständnis von Inklusion: Nicht-Behinderte verdienen ihr Geld damit, dass künstlich Barrieren geschaffen werden.

Schön und gut, aber der Aufwand lohnt sich doch, oder? Immerhin können wir jetzt perfekt fehlerfreie PDF erstellen, oder? Schön wär es. Ich arbeite seit 2009 in dem Bereich und habe in dieser Zeit mehrere tausend PDFs gesehen. Darunter war nie ein komplett fehlerfreies Dokument. Im Gegenteil: Während die aus Office erzeugten Dokumente meistens recht gut nutzbar waren, sind viele professionell aufbereitete Dokumente nur schlecht lesbar. Ich habe bis heute kein einziges, völlig fehlerfreies barrierefreies und interaktives PDF-Formular gesehen. Ich bin irgendwann dazu übergegangen, alle PDFs einfach im Browser zu lesen. Das geht schneller als im Adobe Reader und funktioniert relativ problemlos. Allerdings kennen die Browser die Barrierefreiheits-Tags nicht.

In einer Zeit, in welcher die meisten Dokumente auf Smartphones gelesen werden, wirkt das PDF-Format aus der Zeit gefallen. Es mag seine Existenz-Berechtigung haben, aber als Mainstream-Format ist es ungeeignet. Es wird lediglich verwendet, weil es als Abfall-Produkt einer Print-Vorlage angefallen ist oder weil ein Prozess irgendwann einmal so definiert wurde, dass an dessen Ende ein PDF steht. PDF-Broschüren ins Internet zu stellen ist wie Webseiten ausdrucken. Die Drop-out-Rate, also die Zahl der Personen, welche die Lektüre abbrechen, dürfte bei PDF besonders hoch sein.

Dagegen ist die Erstellung von Office-Dokumenten relativ einfach. Leider sind Office-Dokumente generell für die Weiter-Verbreitung ungeeignet. HTML-Dokumente sind prinzipiell besser, weil sie sich flexibel an die Bildschirm-Größe anpassen. Das eBook-Format ePub wäre perfekt, braucht aber Zusatz-Anwendungen, damit es gelesen werden kann.

In der Konsequenz lautet die Empfehlung: Verwenden Sie das Format, welches für das Medium geeignet ist. PDFs sind für das Internet nicht geeignet, da sie einen Medienbruch darstellen. PDF sind für Barrierefreiheit nur eingeschränkt geeignet, weil der Aufwand zu deren Erstellung im Verhältnis zum Ergebnis zu hoch ist. Die Antwort ist: Stellen Sie Informationen wann immer möglich als HTML zur Verfügung.

Ich zweifle nicht daran, dass die meisten Expertinnen Gutes im Sinne haben. Es bleibt aber der Fakt, dass sie die PDFs, welche sie barrierefrei machen, nicht selbst nutzen müssen. Umgekehrt können jene, die sie nutzen müssen die PDFs selbst nicht barrierefrei machen.

Wie behinderte Menschen mit Dokumenten arbeiten

In diesem Abschnitt wollen wir uns ansehen, wie behinderte Menschen mit PDF-Dokumenten umgehen. Auch wenn ich davon ausgehe, dass auch viele andere Menschen von barrierefreien Dokumenten profitieren können, konzentriere ich mich an dieser Stelle auf die drei Gruppen, die am stärksten davon profitieren bzw. darauf angewiesen sind. Dies sind

- Blinde und Sehbehinderte
- motorisch Behinderte
- Personen mit Lese-, Lern- oder Konzentrationsstörungen

Im anglo-amerikanischen Raum spricht man auch von Reading oder Print Disabilities. In Deutschland haben sich diese Begriffe bisher nicht etabliert.

Bitte bedenken Sie stets, dass alle Behinderungen in Kombination auftreten können. Eine Person, die sowohl motorisch behindert als auch sehbehindert ist, ist stärker auf Barrierefreiheit angewiesen. Außerdem verwenden viele Menschen keine assistive Technologie, etwa weil sie deren Möglichkeiten nicht kennen oder weil sie sie nicht bedienen können. Deshalb rate ich generell vom Einsatz von Schutz-Mechanismen für PDF-Dokumente ab. Viele Menschen verwenden alternative Lese-Werkzeuge, das funktioniert aber nur, wenn es keinen Schutz vor dem Kopieren von Inhalten gibt. Sie sind etwa darauf angewiesen, dass integrierte Zoom- oder Vorlese-Möglichkeiten funktionieren.

Viele der genannten Gruppen benutzen ausschließlich die Tastatur oder auf der Tastatur-Schnittstelle basierende Eingabegeräte. Deswegen ist die Tastatur-Bedienbarkeit eine Basis-Anforderung der Barrierefreiheit.

Blinde und Sehbehinderte

Mit blinden Menschen sind an dieser Stelle Personen gemeint, die mit blinden-typischen assistiven Technologien arbeiten. Es gibt auch Blinde, die noch mit Bildschirm-Lupe oder anderen Hilfen am Computer arbeiten können. Sie können im gesetzlichen Sinne blind sein, arbeiten aber wie sehbehinderte Menschen.

Blinde verwenden in der Regel eine assistive Technologie namens Screenreader, zu Deutsch etwa Bildschirm-Leser. Die Software übersetzt die visuellen Inhalte in eine Form, die von Blinden nachvollzogen werden kann. Bei Grafiken wird etwa der Alternativtext ausgegeben, bei Tabellen die Position der Tabellenzelle und deren Inhalt, bei Formularen die Art des Eingabefeldes und falls vorhanden deren Inhalt oder Status.

Die Ausgabe erfolgt als Sprache oder Blindenschrift auf speziellen Geräten, den Braille Displays. Der Screenreader ist darauf angewiesen, dass Informationen korrekt, also barrierefrei hinterlegt wurden. Fehlt etwa die Bezeichnung des Eingabefeldes, weiß der Blinde nicht, was er dort eintragen soll. Eine blinde Person kann nicht erkennen, wie zwei Elemente wie etwa eine Beschriftung und ein Eingabefeld zueinander positioniert sind. Der Screenreader gibt zum Beispiel „Nachname, Eingabefeld, Vorname, Eingabefeld" aus. Ohne eine maschinelle Verknüpfung von Beschriftung und Eingabefeld weiß der Blinde nicht, ob er seinen Nachnamen oder seinen Vornamen in dieses Feld eingeben muss.

Ebenso sind Blinde auf adäquate Bildbeschreibungen angewiesen. Sie wissen nicht, ob ein Bild bedeutsam ist oder ob die Bild-Beschreibung tatsächlich zum Inhalt passt.

Ein Screenreader kann Informationen nur sequentiell ausgeben, das heißt, ein Blinder sieht alle Inhalte linear, auch wenn sie visuell nebeneinander angeordnet sind. Deswegen ist für einen Blinden auch die Lese- bzw. Tab-Reihenfolge wichtig. Werden Text-Spalten oder Tabellen nicht korrekt linearisiert, sind sie für Blinde im schlimmsten Fall völlig unverständlich.

Auch die Hierarchie oder Beziehung von Elementen ist Blinden nicht klar. Die Hierarchie wird Sehenden meistens durch Position oder Größen-Unterschiede vermittelt. In Fachkreisen spricht man von sensorischen Merkmalen, wenn Informationen nur über einen bestimmten Sinneskanal vermittelt werden.

Die Auswirkungen einer Sehbehinderung sind sehr unterschiedlich. Im Wesentlichen lassen sich aber drei Auswirkungen unterscheiden:

- geringe Sehschärfe: vor allem kleine Inhalte wie zu kleine Texte wirken sehr unscharf
- eingeschränktes Gesichtsfeld: das scharfe Sehen ist auf einen kleinen Bereich beschränkt
- Farb- oder Kontrastschwäche: Die betroffene Person hat Probleme, Inhalte bei geringen Kontrasten zu sehen oder zu unterscheiden. Farben können nicht oder nur eingeschränkt unterschieden werden.

Die genannten Einschränkungen können auch in Kombination auftreten.

Sehbehinderte haben unterschiedliche Möglichkeiten, sich Inhalte zugänglich zu machen. Sie können innerhalb der Betriebssysteme Einstellungen treffen, die das Sehen erleichtern. Sie können etwa kontrastreichere Farbschemata einstellen oder Text größer anzeigen lassen. Außerdem können sie Inhalte größer oder kleiner zoomen.

Stark sehbehinderte Menschen greifen auf sogenannte Screen Magnifier, zu Deutsch Bildschirm-Vergrößerung oder Bildschirm-Lupe zurück. Damit lässt sich der Inhalt des Bildschirms bis zum 64-fachen vergrößern. Das heißt, dass ein einzelnes Programmsymbol oder ein Buchstabe den gesamten Bildschirm ausfüllt. In der Regel werden aber weniger starke Vergrößerungsgrade eingesetzt. Problematisch ist dabei, dass der Bildschirm schnell unübersichtlich wird, weil nur ein Teil des Bildschirms sichtbar ist und sowohl horizontal als auch vertikal gescrollt werden muss.

Die Magnifier können außerdem auch die Farbschemata anpassen. Eine Möglichkeit ist etwa die Invertierung des Bildschirms. Dann wird etwa schwarzer Text auf weißem Grund zu weißem Text auf schwarzem Grund. Dies erhöht für die Betroffenen die Lesbarkeit und reduziert die Blendung.

Bei starker Vergrößerung sind mehrspaltige Inhalte eine Herausforderung. Da man die Bildschirm-Lupe sowohl horizontal als auch vertikal bewegt, kann es schnell passieren, dass man Inhalte übersieht, wenn sie etwa zentriert oder rechtsbündig angeordnet sind. Für Sehbehinderte sind Achsen zur Orientierung wichtig. Sind Inhalte nicht nach einem bestimmten Schema angeordnet, können sie schnell übersehen werden.

Für Blinde und Sehbehinderte gilt gleichermaßen, dass für sie die kognitive Belastung erhöht ist. Sie haben nie einen Gesamt-Überblick über ein Dokument, können nicht schnell zwischen verschiedenen Stellen des Dokuments hin- und herwechseln und sind deshalb stark auf das

Gedächtnis angewiesen. Hohe Komplexität wie verschachtelte Layouts oder mangelnde Barrierefreiheit können die kognitiven Barrieren erhöhen.

Motorisch Behinderte

Bei motorisch behinderten Menschen ist die Bewegungs-Fähigkeit der Gliedmaßen eingeschränkt oder fehlt völlig. Es gibt eher leichte Einschränkungen der Bewegungsfähigkeit der Hände bis hin zur Querschnittslähmung vom Hals ab abwärts, das heißt, dass Hände und Arme nicht verwendet werden können.

Diese Personen steuern ein Gerät vor allem über verschiedene Eingabegeräte wie Augen- oder Zungensteuerung. Wichtig ist daneben auch die Sprachsteuerung. Für diesen Personenkreis sind etwa die Lesezeichen wichtig, damit sie sich schnell durch ein Dokument bewegen können. Für das Ausfüllen von Formularen sind außerdem die Auto-Ergänzungen und der zugängliche Name wichtig.

Lese-Einschränkungen

Eine wichtige Gruppe sind außerdem Personen mit Lese-Einschränkungen. Damit sind zum Beispiel folgende Gruppen gemeint:

- Personen mit geringer Lese-Erfahrung
- Personen mit Lese-Rechtschreib-Schwäche oder Lernstörungen
- Personen mit Konzentrations-Störungen

Diese Gruppen sind generell sehr heterogen, was ihre Anforderungen angeht. Unter anderem deshalb sind sie im Diskurs rund um Barrierefreiheit unterrepräsentiert. Sie haben aber einen oder mehrere der folgenden Faktoren gemeinsam:

- Probleme beim Lesen, dadurch auch geringes Lese-Tempo
- Eingeschränkte Konzentrations-Fähigkeit
- Eingeschränktes Kurzzeit-Gedächtnis
- Geringe Frust-Toleranz, etwa bei schlecht lesbaren oder nicht gut verständlichen Inhalten

Dieser Personenkreis profitiert – wie auch Sehbehinderte – von einfachen Formatierungen, Störungs-Freiheit und einer guten Lesbarkeit. Folgende Maßnahmen können sinnvoll sein:

- gut lesbare Schriften wie Calibri, kein Wechsel der Schriftart innerhalb eines Dokuments
- einfache Formatierung, Verzicht auf Kursiv-Stellung, Fettdruck, Versalien sowie farbigen Text oder starke Änderung der Schriftgrößen
- bevorzugt linksseitiger Flattersatz ohne Silben-Trennung, Verzicht auf Blocksatz, Zentrierung oder Mehrspaltigkeit
- Verzicht auf Animationen und Überraschungen (selbststartende Audio- und Video-Inhalte und ähnliches)
- Verständlichkeit, Verzicht auf Frust-Faktoren und ablenkende Inhalte

Sowohl seh- als auch lese-behinderte Menschen können sich Dokumente vorlesen lassen. Alle gängigen Betriebssysteme auf Computern und mobilen Geräten sowie der Adobe Reader und Microsoft Office auf dem Desktop verfügen über integrierte Vorlese-Funktionen.

Zu beachten ist dabei, dass diese Funktionen aktuell nur Text vorlesen. Sie können keine Alternativtexte, Formular-Inhalte und ähnliche Elemente ausgeben.

Weitere Behinderungen

Interaktive Elemente wie Flackern und Flimmern sind für Menschen mit Anfalls-Erkrankungen wie Epilepsie störend. Auch Autistinnen können davon getriggert werden.

Auch selbststartende Inhalte und insbesondere Inhalte, die nicht durch die Nutzerin gesteuert werden können sind verboten. Sie können zu Irritationen führen oder die Sprachausgabe von Blinden stören. Deshalb sollten Sie etwa in Präsentationen solche Effekte nicht einsetzen bzw. sie bei der Weitergabe entfernen.

Anforderungen an barrierefreie Dokumente

Im folgenden Abschnitt möchte ich wichtige formale Anforderungen an barrierefreie PDF zusammenfassen. Diese Aufzählung ist nicht vollständig. Zum einen sind viele Anforderungen auf gängige Dokumente nicht anwendbar. Zum anderen werden Sie tiefer recherchieren müssen, wenn Sie mit komplexeren Fragestellungen zu tun haben. Ich gebe an dieser Stelle vor allem einen ersten Einstiegspunkt.

Ich werde nur Anforderungen der WCAG-Stufen A und AA aufgreifen. In der Praxis wird es selten vorkommen, dass Sie die Stufe AAA für Dokumente erfüllen müssen.

Was heißt Barrierefreiheit bei Dokumenten?

Barrierefreiheit kann generell mit "Nutzbarkeit für behinderte Menschen" übersetzt werden. In der Regel ist Konformität mit einem bestimmten Standard gemeint. Sprechen Sie also in der öffentlichen Kommunikation lieber von Standard-Konformität als von barrierefrei oder barrierearm. Dabei sollte immer der Standard genannt werden, mit dem Konformität erreicht wurde, zum Beispiel "Das PDF erfüllt WCAG 2.1 AA" oder „das PDF ist nach dem Standard WCAG 2.1 AA barrierefrei“. Ein PDF kann also als barrierefrei gelten, wenn es alle Anforderungen eines Standards erfüllt. Im Folgenden meine ich immer standard-konform, wenn ich von barrierefrei oder zugänglich spreche.

Bei Dokumenten bezieht sich Barrierefreiheit in erster Linie auf technische Aspekte. Mit ein paar Ausnahmen wie Kontrast-Werten oder Farben als Mittel der Information bleibt das Thema grafische Gestaltung und Typografie außen vor. Das Thema Text-Verständlichkeit spielt in den Barrierefreiheits-Standards eine untergeordnete Rolle.

Man kann zwischen drei Schichten unterscheiden, die zusammenarbeiten müssen, damit Barrierefreiheit in Dokumenten funktioniert:

- die Client-Software (zum Beispiel Microsoft PowerPoint)
- der Inhalt, etwa ein Office-Dokument
- eine assistive Technologie (z.B. der Screenreader NVDA oder spezielle Anpassungen wie der Hoch-Kontrast-Modus von Windows)

Der Adobe Reader ist aktuell eines der wenigen Programme, mit denen sich barrierefreie PDFs mit assistiver Technologie problemlos lesen lassen. Würde man ein barrierefreies PDF mit einem anderen Programm wie einem Browser öffnen, könnte die assistive Technologie eventuell keine Tags auslesen, weil der Client sie nicht verarbeitet oder an die assistive Technologie weitergibt. Kann andererseits die assistive Technologie die Tags nicht verarbeiten, weil es sie nicht kennt, hilft auch der höchste Grad an Barrierefreiheit nicht weiter. Das ist aktuell der Fall mit dem Screenreader VoiceOver unter Mac: VoiceOver kann keine Tags auslesen. Ein blinder Mac-User kann also mit einem barrierefreien PDF nichts anfangen.

Maßgeblich dafür, dass die Ebenen zusammenspielen, ist die Accessibility API, die Barrierefreiheits-Schnittstelle. Man kann es sich als eine gemeinsame Sprache vorstellen, in welcher Informationen ausgetauscht werden. Spricht eine Ebene Deutsch und die andere Ebene versteht nur Griechisch, funktioniert das Zusammenspiel nicht.

Der Standard PDF Universal Accessibility (PDF UA) ist dafür gedacht, dass diese unterschiedlichen Schichten bei barrierefreien PDFs problemlos zusammenspielen. Als Anbieter von barrierefreien PDFs können Sie allerdings nur das PDF selbst beeinflussen, welcher Reader oder welche assistive Technologie verwendet wird, wissen Sie nicht. Dieses Thema können Sie zunächst außer Acht lassen. Zumindest, bis Ihnen Probleme mit dem PDF gemeldet werden. Spätestens dann müssen Sie diese Informationen für die Problem-Analyse von der Nutzerin abfragen.

Als vierter Faktor kommt die Nutzerin selbst ins Spiel: Es gibt Personen, die sich sehr gut mit der Technik auskennen und selten auf Probleme stoßen bzw. diese schnell lösen oder sich Hilfe organisieren können. Es gibt aber auch Personen, die wenig Erfahrung haben und nicht herausfinden können, ob ein Problem in der eigenen Anwendung oder im Dokument liegt. Das sollten Sie im Hinterkopf haben, wenn Ihnen Probleme bei einem an sich barrierefreien Dokument gemeldet werden.

Semantische Formatierungen

Die semantischen Formatierungen sind vor allem für blinde Menschen wichtig. Es geht darum, dass sie zum einen erfahren, welche Aufgabe ein Text-Abschnitt hat. Da ihnen die visuelle Gestaltung nicht zugänglich ist, sind sie auf maschinen-lesbare Informationen angewiesen. Mit dem Screenreader können sie außerdem gezielt solche Formatierungen ansteuern. Sie können sich zum Beispiel alle Überschriften eines Dokuments auflisten lassen oder sich von einem Listen-Element zum nächsten bewegen.

Die verschiedenen Überschriften-Ebenen spiegeln außerdem die Hierarchie innerhalb eines Dokuments wider. Die Überschrift Ebene 1 etwa zeigt ein Haupt-Kapitel an, die Überschrift Ebene 2 ein Unter-Kapitel, die Überschrift Ebene 3 ein Unter-Kapitel des Unter-Kapitels und so weiter. Solche Hierarchien sind für Sehende anhand der Schriftgröße oder Einrückung im Inhaltsverzeichnis erkennbar, aber wie alle visuellen Informationen für Blinde erst einmal nicht zugänglich. Aus dem gleichen Grund sind auch die Lesezeichen in PDF-Dokumenten hilfreich. Sie erlauben das schnelle Navigieren in umfangreichen Dokumenten.

Auch Aufzählungen spielen für die Barrierefreiheit eine wichtige Rolle. So wird die Hierarchie in einem komplexen Inhalts-Verzeichnis zumeist über verschachtelte Listen für Blinde deutlich gemacht. Sie können die Einrückungen in solchen Verzeichnissen nicht erkennen.

Dabei ist auch wichtig, dass Informationen nicht rein visuell kenntlich gemacht werden. Wird eine für das Verständnis des Inhalts wesentliche Information ausschließlich über Formatierung wie Fettung, Kursiv-Stellung oder Unterstreichung deutlich gemacht, verstößt dies gegen die Barrierefreiheit. Nebenbei können solche Formatierungen auch die Lesbarkeit verschlechtern.

Auch für seh- oder lese-behinderte Personen können semantische Formatierungen in Zukunft wichtiger werden. Sie erleichtern die Anpassung der Texte zum Beispiel in alternativen Lese-Werkzeugen.
Die Anforderungen werden im Erfolgskriterium 1.3.1 Info and Relationships festgelegt.

Text-Alternativen

Vor allem für Blinde ist es wichtig, dass zu allen grafischen Elementen Text-Alternativen bzw. Bild-Beschreibungen bereitgestellt werden. Ich unterscheide dabei zwischen mehreren Arten von Grafiken.

Der häufigste Fall sind dekorative Bilder im Inhaltsbereich, welche der reinen Ästhetik dienen, aber selbst keine Information enthalten. Solchen Grafiken wird ein einfacher Alternativtext gegeben. Der Alternativtext sollte den Inhalt möglichst kurz beschreiben. Zu lange Alternativtexte können den Lesefluss stören.

Schmuck-Elemente müssen hingegen nicht beschrieben werden. Das sind zum Beispiel Elemente, die sich auf jeder Seite wiederholen. Dazu zählen etwa Logos, Linien, Farbverläufe und weitere Design-Bestandteile. Sie werden als dekorativ gekennzeichnet und von assistiven Technologien ignoriert.

Informative Grafiken sind Grafiken, die Informationen vermitteln. Dazu gehören Diagramme, Schaubilder oder Landkarten. Bei solchen Grafiken muss vor allem sichergestellt werden, dass die enthaltene Information zugänglich ist. Ist die Grafik lediglich die Visualisierung einer Tabelle, reichen eine kurze Beschreibung und der Verweis auf die zugehörige Tabelle. Enthält die Grafik komplexe Informationen wie etwa ein Organigramm, müssen Sie es allerdings ausführlich beschreiben. Im Praxisteil schauen wir uns das genauer an.

Achten Sie insbesondere bei Informationsgrafiken stets auf den Kontext, also vor allem auf den die Grafik umgebenden Text. Werden dort bereits Informationen vermittelt, müssen sie nicht im Alternativtext wiederholt werden. Auch Wiederholungen im Alternativtext und in einer Bild-Unterschrift sind unerwünscht.

Bei verlinkten Grafiken wird nicht die Grafik, sondern das Link-Ziel beschrieben. Sind etwa die Social-Media-Kanäle über Icons verlinkt, schreiben Sie nicht "Facebook-Icon", sondern "Weiter zu unserer Facebook-Seite".

Werden Elemente wie Icons oder Emojis als Grafik eingesetzt, überlegen Sie, ob diese Symbole zum Verständnis des Inhalts wichtig sind. Ist das nicht der Fall, können sie ebenfalls in den Hintergrund gelegt werden. In Microsoft Office 365 finden Sie die Möglichkeit, ein Bild als dekorativ auszuzeichnen. Die Anforderungen an Bildbeschreibungen finden Sie in der Richtlinie 1.1 Text Alternatives.

Es ist nicht erlaubt, Text in Bildern einzubetten. Text darf also nicht als Rastergrafik verwendet werden, es sei denn, dass es unvermeidlich ist wie etwa bei Diagrammen (Erfolgskriterium 1.4.9 Images of Text).

Sensorische Informationen

Informationen zum Verständnis der Inhalte oder zum Bedienen etwa eines Formulars dürfen nicht ausschließlich über sensorische Merkmale vermittelt werden (Erfolgskriterium 1.3.3 Sensory Characteristics und 1.4.1 Use of Color). Sensorische Merkmale sind Eigenschaften, die ausschließlich über einen Sinn wahrgenommen werden können. Dazu gehören Farben, Formen oder die Position von Elementen. Das ist besonders wichtig bei Anleitungen oder Informationsgrafiken.

Denken Sie zum Beispiel an ein Diagramm, in welchem Informationen ausschließlich über Farben kommuniziert werden. Oder an ein Formular, in welchem Pflichtfelder nur über ein Symbol angezeigt werden, welches Blinden eventuell nicht vorgelesen wird. Häufig sind auch Anleitungen, in denen Hinweise wie „Klicken Sie den grünen Button" enthalten sind.

Andere Bereiche sind etwa Links, die nur durch Farbe kenntlich sind oder Hervorhebungen durch Fettung, Kursiv-Stellung oder andere visuelle Formatierungen. Ist eine visuelle Hervorhebung zum Verständnis essentiell, muss sie auf einem anderen Kanal zusätzlich gekennzeichnet werden. Es könnte etwa das Wort „wichtig" vorangestellt werden.

Dieser Aspekt muss bereits bei der Konzeption des Dokuments bedacht werden. Das kann selten im Nachhinein korrigiert werden.

Kontraste und Farben

Eine wichtige Anforderung an barrierefreie PDFs sind die Mindest-Kontraste. Sie müssen bereits bei der Konzeption des Dokuments berücksichtigt werden, da sie im Nachhinein oft nicht mehr ohne großen Aufwand geändert werden können. Der Mindest-Kontrast beträgt für normalen Text 4,5:1. Für großen Text und Informations-Elemente beträgt er 3:1. Normaler Text ist definiert als kleiner als 18 pt bzw. 14 pt bei fett gedrucktem Text. Dabei geht es um Dokumente, die am Bildschirm gelesen werden, für Präsentationen würde ich unabhängig von der Schriftgröße den Mindest-Kontrast von 4,5:1 oder mehr empfehlen.

Der Kontrast ist insbesondere für sehbehinderte und ältere Menschen wichtig. Bei ihnen ist die Fähigkeit, kontrast-arme Texte zu lesen eingeschränkt. Hier greifen die Erfolgskriterien 1.4.3 Contrast und 1.4.11 Non-text Contrast.

Tastatur-Bedienung

Die Tastatur-Bedienung ist vor allem wichtig für interaktive Dokumente, insbesondere für Formulare. Blinde und viele Sehbehinderte nutzen überwiegend oder ausschließlich die Tastatur. Auch andere assistive Technologien greifen auf die Schnittstelle der Tastatur zurück.

Alle interaktiven Elemente müssen per Tastatur erreichbar und veränderbar sein. Beispielsweise müssen Checkboxen, Radio-Buttons oder Slider vollständig mit der Tastatur erreichbar und veränderbar sein. Alle Eingabefelder für Text müssen befüllt und verändert werden können.

Bei der Tastatur-Bedienung ist außerdem eine logische Reihenfolge wichtig. Der Tastatur-Fokus sollte sich so durch das Formular bewegen, wie es eine sehende Person tun würde. Das kann wichtig sein, wenn Formular-Elemente in Spalten gruppiert wurden.

Der Tastatur-Fokus muss immer visuell sichtbar sein. Das heißt bei interaktiven Elementen soll entweder die Schreibmarke oder ein visueller Rahmen anzeigen, wo sich der Tastatur-Fokus aktuell befindet.

Ein wichtiger Aspekt ist außerdem, dass Tastatur-Fallen verhindert werden. Das heißt, dass der Fokus nicht in einem Element stecken bleibt und nicht weiterbewegt werden kann. Das kann etwa passieren, wenn Verhaltensweisen programmiert wurden oder wenn es Bereiche mit endless Scrolling gibt.

Die Anforderungen für die Tastatur-Bedienung werden in der Richtlinie 2.1 Keyboard Accessible sowie im Erfolgskriterium 2.4.3 Focus Order festgelegt.

Anpassbarkeit, Lese-Reihenfolge und Umfließen

Die Anpassbarkeit ist für Menschen mit verschiedenen Behinderungen wichtig. Sehbehinderte stellen etwa über die Bildschirm-Lupe verschiedene Farb-Schemata ein, um Inhalte besser erkennen zu können. Für Menschen mit Lernstörung kann die Lektüre einfacher sein, wenn sie Schrift, Abstände und andere Faktoren verändern können. Das ist mit alternativen Lese-Werkzeugen möglich. Wichtig ist, dass das Dokument solche Anpassungen nicht verhindert.

Das Erfolgskriterium 1.4.4 Resize text schreibt vor, dass Text ohne Verlust auf 200 Prozent vergrößerbar sein muss.

Das Erfolgskriterium 1.4.10 Reflow fordert, dass gezoomter Text ohne horizontales Scrollen zugänglich sein muss. Das ist nicht zu verwechseln mit PDF Reflow. Derzeit ist umstritten, ob und wie dieses Kriterium in barrierefreien PDF umgesetzt werden kann.

Eine logische Lese-Reihenfolge ist insbesondere für die meisten Personen mit einer Lese-Einschränkung wichtig. Das gilt vor allem für mehrspaltige Dokumente oder wenn die Reihenfolge, in welcher Elemente vorgelesen werden aus anderen Gründen relevant ist.

Besonders wichtig ist das bei Tabellen: Können Tabellen nicht in einer sinnvollen Reihenfolge gelesen werden, kann der Betroffene mit den Informationen nichts anfangen.

Störungsfreiheit

Die Nutzerinnen von Inhalten sollen möglichst wenig gestört werden. Das betrifft vor allem Personen, die Ablenkungen nicht so gut ausblenden können. Das sind etwa Autisten, Epileptiker oder auch Personen mit Konzentrations- oder Lernstörungen. Die wesentlichen Anforderungen dazu finden sich in der Richtlinie 2.3 Seizures and Physical Reactions.

Hierbei geht es vor allem um sich bewegende Elemente oder selbst-startende Multimedia-Inhalte. Denken Sie zum Beispiel an Effekte oder Videos in Präsentationen.

Wenn Inhalte von selbst starten oder sich bewegen, müssen sie von der Nutzerin gesteuert werden können (Erfolgskriterium2.2.2 Pause, Stop, Hide).

Wenn Inhalte flackern oder blitzen, insbesondere bei Animationen oder Videos, dann liegt die Frequenz dieser Effekte bei weniger als drei Mal pro Sekunde (Erfolgskriterium 2.3.1 Three Flashes or Below Threshold). Blitzen und Flackern können epileptische Anfälle auslösen.

Formulare und Anwendungen

Besondere Anforderungen gelten für interaktive Dokumente. Sie werden in Zukunft voraussichtlich eine größere Rolle spielen. Werden die besonderen Anforderungen nicht von vorneherein beachtet, können die Formulare von Menschen mit Behinderung wahrscheinlich nicht bearbeitet werden. Zunächst gelten die Anforderungen, die ich im Abschnitt zur Tastatur-Bedienung dargestellt habe.

Insbesondere für blinde Menschen ist wichtig, dass Beschriftung und Eingabefeld eindeutig maschinenlesbar miteinander verknüpft sind. Für Sehende wird durch die Nähe oder Entfernung von Elementen deutlich, was zusammengehört und was nicht. Für Blinde ist die visuelle Entfernung nicht zugänglich. Die Beschriftung kann sich links, rechts, über oder unter dem Eingabefeld befinden, deshalb sind auch indirekte Informationen für den Screenreader nicht erfassbar.

Für Nutzerinnen der Spracheingabe ist es wichtig, dass die visuelle Beschriftung im sogenannten barrierefreien Namen zugänglich ist. Mit der Spracheingabe können gezielt bestimmte Bereiche eines Formulars angesteuert werden. Dabei arbeitet der Nutzende mit der visuellen Information, die Software nutzt aber den maschinenlesbaren Namen. Ich würde empfehlen, die visuelle Beschriftung und den maschinenlesbaren Namen identisch zu verwenden. Die Anforderung ist im Erfolgskriterium 2.5.3 Label in Name zu finden.

Für Menschen mit Behinderung müssen die Beschriftung, die Aufgabe und der Status eines Elements zugänglich sein. Es ist zum Beispiel möglich, eine Checkbox grafisch nachzubauen und die Verhaltensweise bzw. den Status "aktiviert", "teilweise aktiviert" und "nicht aktiviert" zu programmieren. Diese Informationen wären dann aber für blinde Menschen wahrscheinlich nicht zugänglich. In der Programmierung müsste also sichergestellt werden, dass diese Informationen für Blinde zugänglich werden (4.1.2 Name, Role, Value).

Generell würde ich aber dazu raten, die nativ vom Erstellungs-Programm bereit gestellten Elemente zu verwenden. Sie erfüllen die Anforderungen an Name, Rolle, Wert und Tastatur-Bedienung, ohne das zusätzlicher Programmier-Aufwand notwendig wäre.

Beschriftungen sollten eindeutig sein und nur jeweils einmal vorkommen. Unter Beschriftungen verstehe ich alle Elemente, die angeklickt, aktiviert oder ausgefüllt werden können: Das sind vor allem Hyperlinks und Formular-Elemente (2.4.6 Headings and Labels).

Der Hintergrund für diese Regel ist, dass blinde Menschen ein Dokument nicht unbedingt linear durchlesen. Sie können gezielt Formular-Elemente oder Links ansteuern bzw. sich nur diese Elemente auflisten lassen. Wenn sie zwei Mal die Beschriftung „Vorname" für ein Eingabefeld hören, denken sie vielleicht, dass sie diesen Abschnitt des Formulars bereits ausgefüllt haben.

Haben also zwei Links das gleiche Ziel, sollten sie gleich beschriftet sein. Haben zwei Links verschiedene Ziele, sollten sie unterschiedlich beschriftet sein. Das Gleiche gilt für Bild-Beschreibungen (2.4.6 Headings and Labels und 2.4.4 Link Purpose In Context).

Eine ganze Reihe von Erfolgskriterien beschäftigt sich mit dem Fehler-Management in Formularen und Anwendungen. Der Nutzende soll dabei unterstützt werden, Fehler zu vermeiden, fehlerhafte Stellen zu erkennen und sie zu korrigieren (Richtlinie 3.3 Input Assistance). Heute sind die meisten PDF-Formulare statisch, deshalb ist vor allem die Prävention von Fehlern wichtig. Das heißt, dass die Beschriftungen von Eingabefeldern eindeutig sein müssen, Pflichtfelder müssen sauber gekennzeichnet sein. Müssen Eingaben wie ein Geburtsdatum ein bestimmtes Format haben, so sollte dies an einem Beispiel gezeigt werden.
In Zukunft wird die dynamische Validierung von Formular-Eingaben voraussichtlich eine größere Rolle spielen. Das heißt, auch die Hilfe bei der Fehlervermeidung bzw. Fehlerkorrektur wird wichtiger.
Das Erfolgskriterium 4.1.3 Status Messages schließlich fordert, dass Status-Meldungen für BEHINDERTE MENSCHEN zugänglich sind. Das sind etwa dynamisch eingeblendete Erfolgs- oder Fehler-Meldungen. Werden solche Meldungen verwendet, müssen Sie sicherstellen, dass sie für die assistive Technologie zugänglich sind. Verwenden Sie Dialoge, mit denen der Nutzende interagieren muss, müssen auch diese auslesbar und bedienbar sein.

Zwar ist es sowohl in Office- als auch in PDF-Dokumenten möglich, komplexes Verhalten zu programmieren. Allerdings hat sich hier anders als im Web noch keine klare mit Barrierefreiheit vereinbare Programmier-Logik etabliert. Das heißt, es ist ohne aufwendige Tests mit unterschiedlichen assistiven Technologien auf unterschiedlichen Plattformen nicht herauszufinden, ob die Programmierung in der beabsichtigten Weise funktioniert. Wenn Sie komplexe Dokumente programmieren wollen, sind Web-Anwendungen zu empfehlen.

Korrekter Code

Das Erfolgskriterium 4.1.1 Parsing fordert, dass der Code eines Dokuments korrekt gestaltet ist.

Wie oben erwähnt müssen die Barrierefreiheits-Informationen bei PDF-Dokumenten hinzugefügt werden. Das ist Ihre wichtigste Aufgabe, wenn Sie PDF barrierefrei gestalten wollen. Zu diesem Zweck erhält das Dokument eine XML-ähnliche Struktur, die sogenannten Tags. Das Erfolgskriterium fordert, dass diese Tags korrekt und ihrem Zweck gemäß verwendet werden. Das soll sicherstellen, dass assistive Technologien die Tags richtig und dem beabsichtigten Zweck gemäß verarbeiten.

Das Erfolgskriterium 4.1.2 Name, Role, Value fordert, dass die Aufgabe, die Bezeichnung und der Zustand eines Elements verfügbar sind. Es kann zum Beispiel sein, dass die Werte in einem Formular falsch hinterlegt wurden. Eine blinde Person bekommt die Aussage, das Feld sei „Ja", obwohl die visuelle Beschriftung „Nein" ist oder das Feld wird als aktiviert ausgegeben, obwohl es visuell nicht ausgewählt ist.

Metadaten und Sprache

Metadaten sind Informationen über ein Dokument. Sie werden etwa im Datei-Explorer angezeigt und umfassen unter anderem den Titel des Dokuments, den Absender und den Dateinamen (2.4.2 Page Titled und 3.1.1 Language of Page).

Diese Daten sollten korrekt hinterlegt werden. Ein sinnvoller Dateiname hilft, Dokumente zu identifizieren, ohne dass man sie öffnen muss. Ebenso hilfreich ist der Titel und der Name des Verfassenden. Last not least wird mit der Hauptsprache festgelegt, in welcher Sprache das Dokument vorgelesen wird.

Empfehlung: Dynamik vermeiden

Für viele behinderte Menschen ist die schnelle sinnliche Anpassung an Veränderungen schwierig. Ändert sich etwa die Schriftgröße, der Kontrast oder die Lautstärke in multimedialen Inhalten stark, muss der Nutzende schnell adaptieren. Bei Hör- und Sehbehinderungen ist das schwierig. Ständige Änderungen sind dabei die größte Herausforderung.

Deshalb ist es sinnvoll, einen bestimmten Rahmen festzulegen, innerhalb dessen sich die Schwankungen bewegen sollten. Legen Sie also Werte für den höchsten bzw. geringsten Kontrast oder Schriftgrad fest.

Multimedia

Im Zusammenhang mit Audio und Video spricht die WCAG von zeitbasierten Medien. Die Anforderungen werden in der Guideline 1.2 Time-based Media zusammengefasst. Da diese Inhalte in PDF und Dokumenten bislang eine untergeordnete Rolle spielen, möchte ich die Anforderungen nur kurz zusammenfassen.

Für gesprochene Inhalte muss es stets eine Text-Alternative geben: Entweder als Untertitel bei Videos oder als Text-Transkription. Bei Videos mit einem geringen Sprach-Anteil muss eine Alternative für Blinde bereitgestellt werden, damit sie verstehen, was in dem Video passiert. Das geschieht etwa über eine Audiodeskription oder ein Text-Transkript, in welchem besagte Inhalte beschrieben werden.

Setzen Sie Audio- oder Video-Inhalte ein, sollten diese in der höchst-möglichen Qualität bereitgestellt werden. Dieses Thema kommt in der WCAG nicht vor, weil Qualität an sich nicht gut messbar ist. Sie können zum Beispiel eine gute visuelle oder Audio-Qualität im Sinne von Erkennbarkeit und Verständlichkeit haben, ohne die Inhalte professionell aufgenommen und nachbearbeitet zu haben.

Akustisch zu vermeiden sind starkes Rauschen, Stör- und Nebengeräusche, Hall und schwankende Lautstärken bei den Sprechenden.

Visuell sollten Unter- und Über-Belichtung, ein häufiger Wechsel zwischen hell und dunkel sowie Blitzen und Flackern vermieden werden. Sprechende Personen sollten gut erkennbar sein.

Empfehlung: Inhaltliche Verständlichkeit

Aktuell geht es bei digitaler Barrierefreiheit vor allem um technische und grafische Aspekte. Erst auf der Stufe AAA wird das Thema Verständlichkeit in der WCAG verhandelt.

Als spezielle Konzepte der Verständlichkeit gibt es vor allem die Leichte Sprache und die einfache Sprache. Für beide Bereiche sind aktuell DIN-Normen in Arbeit.

Ohne einen klaren Referenz-Rahmen ist das Thema nur schwierig umzusetzen. Deswegen sollte zumindest bei der einfachen Sprache abgewartet werden, bis die Normen verabschiedet sind. Für die Leichte Sprache gibt es bereits allgemeine Regeln in der BITV 2.0.

Neben der sprachlichen Verständlichkeit gibt es auch weitere Faktoren, die einen Inhalt verständlicher machen können. Diese Arbeit gehört typischerweise in die Hände von Redakteurinnen oder anderen Verständlichkeits-Expertinnen. Sie sollen hier nur kurz behandelt werden.

Der wichtigste Faktor ist die saubere visuelle und inhaltliche Struktur von Texten. Es geht darum, Frust-Faktoren für Wenig-Leser zu vermeiden. Dazu gehören Text-Wüsten, aber auch schlecht strukturierte und zu komplexe Inhalte. Eine Informationsgrafik ist eine schöne Sache, aber nur, wenn sie nicht aus hunderten von Elementen besteht und damit schwer zu erschließen ist. Eine visuelle Struktur kann mit Zwischen-Überschriften, Aufzählungen und anderen Abwechslungen zum Fließtext aufgebaut werden.

Auf der inhaltlichen Ebene gibt es verschiedene Hilfsmittel. Ein Faktor ist, dass die wichtigsten Informationen stets am Anfang stehen sollten. Nach hinten hin sollten die Informationen unwichtiger werden.

Ein weiterer wichtiger Faktor ist, unnötige Informationen wegzulassen. Informationen, welche der Lesende aktuell nicht benötigt, sollten in Texten, Tabellen oder Informationsgrafiken weggekürzt werden. An dieser Stelle haben Web-Dokumente große Vorteile. Sie können zum Beispiel über Akkordeons zusätzliche Informationen ein- oder ausblenden. Oder mit den passenden Bibliotheken Ebenen auf einer Grafik dynamisch ein- oder ausblenden.

Wichtige Informationen sollten leicht auffindbar gemacht werden, zum Beispiel durch ein Inhaltsverzeichnis, deskriptive Überschriften, einen Index oder durch Hervorhebung im Text.

Wichtige Ankerpunkte sind Bilder, Tabellen, Aufzählungen, Zitate und andere Abwechslungen zum Fließtext.

Das Thema Aufbereitung von Informationen wird unter anderem im Bereich UX Writing diskutiert. Ebenso wie bei der Lesbarkeits-Forschung sind hier in Zukunft validere Erkenntnisse und bessere Werkzeuge zu erwarten.

Was in der WCAG nicht vorkommt

Vielleicht fragen Sie sich, warum bestimmte Anforderungen in der WCAG nicht vorkommen. Es gibt vor allem auf der Stufe AA nur wenige Anforderungen zur Typografie, das Thema Verständlichkeit kommt erst auf der Stufe AAA vor. Generell gibt es drei Gründe, warum solche Anforderungen bisher nicht vorkommen.

Zunächst einmal werden nur Anforderungen in die WCAG aufgenommen, die eine Barriere für behinderte Menschen sein können. Betrifft eine Barriere alle oder zahlreiche Menschen ohne Behinderung, ist es eher ein Usability- als ein Barrierefreiheits-Problem. Die Abgrenzung ist nicht immer eindeutig. Würde man allerdings alle denkbaren Probleme in die WCAG aufnehmen, würde sie zu umfangreich werden.

Weiterhin sind alle Erfolgskriterien der WCAG auf Testbarkeit ausgelegt. Das setzt voraus, dass Evidenz darüber herrscht, was unter den meisten denkbaren Umständen eine Barriere bzw. keine Barriere ist. Es gibt zum Beispiel einige Schriften, die sich an bestimmte Zielgruppen richten. Bislang fehlt es aber an Studien dazu, ob diese speziellen Schriftarten tatsächlich die Lesbarkeit generell verbessern.

Last but not least sollen die Erfolgskriterien prinzipiell von jedem erfüllbar sein. Das gilt für ein kleines Blog genauso wie für eine komplexe digitale Anwendung. Es gibt die Befürchtung, dass wenn man die Anforderungen zu hoch ansetzt, dass viele Betreiber gar nicht erst versuchen würden, sie zu erfüllen.

Projektmanagement

In meiner praktischen Arbeit habe ich immer wieder festgestellt, dass Barrierefreiheit weniger an den Anforderungen scheitert. Vielmehr sind es die Verantwortlichkeiten in großen Organisationen sowie ein unzureichendes Anforderungsmanagement. In diesem Kapitel wollen wir uns dem Thema Projektmanagement annehmen.

Eine Anmerkung vorweg: Es gibt keine Fleißpunkte für Barrierefreiheit. Oft ist es so, dass ein Prozess ohnehin sehr komplex ist und Barrierefreiheit oben drauf gesetzt wird. Manchmal ist es sinnvoll, einen Prozess so zu optimieren, dass die Barrierefreiheit mit geringem oder gar ohne Mehr-Aufwand von den Mitarbeitenden umgesetzt werden kann.

Es stimmt, dass Barrierefreiheit kompliziert und aufwendig sein kann. Das liegt aber oft daran, dass Abläufe etabliert wurden, die es sehr schwierig machen. Ein simples Beispiel: Eine Information wird als für den Druck optimierte Broschüre erstellt, obwohl sie ohnehin nur digital bereitgestellt wird. Warum wird das gemacht? Weil der Ablauf nun mal so etabliert ist. Diese Broschüre muss von einem Profi grafisch gestaltet und barrierefrei gemacht werden. Diesen zeit- und kostenaufwendigen Prozess hätte man sich sparen können, wenn die Publikation als Webseite oder einfaches, mit Office optimiertes, PDF erstellt worden wäre.

Eigener Mindest-Standard

Einen Standard zu formulieren ist eine komplexe Aufgabe: Einerseits muss er so allgemein sein, dass möglichst alle denkbaren Dokumenttypen abgedeckt sein sollen, von der Pressemitteilung bis zur mathematischen Formelsammlung. Andererseits soll der Standard konkrete Anforderungen formulieren, ansonsten wäre er nicht hilfreich.

In gewisser Weise sind Standards der Minimal-Konsens aller Beteiligten. Es spricht also nichts dagegen, dass Ihre Organisation über diesen Standard hinausgeht. Sie können also höhere Farb-Kontraste definieren oder bestimmte Text-Formatierungen verwenden, die besonders gut lesbar sind.

In jedem Fall ist es sinnvoll, einen eigenen Mindest-Standard festzulegen. Ein solcher Standard erleichtert die Formulierung von Anforderungen und das Steuern von Dienstleistern. Dieser Standard kann auch Best Practices enthalten oder über die Pflicht-Anforderungen hinaus gehen.

Ein Mindest-Standard ist auch wichtig, um bei den Nutzerinnen Erwartungs-Konformität zu schaffen. Ist Publikation X relativ barrierefrei und Publikation Y nicht, wissen die Menschen nicht, was sie von Ihnen zu erwarten haben. Ein Mindest-Standard ist ein Instrument, um interne und externe Anforderungen zu steuern und eine einheitliche Qualität der Dokumente sicherzustellen.

Für interne und externe Zwecke sowie für unterschiedliche Dokumenten-Typen können unterschiedliche Standards definiert werden. So können Sie für interne Zwecke festlegen, dass die Dokumente mit den Bordmitteln der Autoren-Software barrierefrei gemacht werden. Das ist sinnvoll, weil sehr viele interne Dokumente mit häufig kurzer Lebensdauer oder häufigen Änderungen produziert werden. Für komplexe Dokumente wie etwa umfangreiche Formulare oder Jahresberichte sollten hingegen höhere Standards angestrebt werden.

Wie oben erwähnt ist der offizielle Mindest-Standard für barrierefreie Dokumente und PDFs in Deutschland die WCAG 2.1 AA bzw. die EN 301549. Dieser Standard sollte also möglichst eingehalten werden und ist mit Bordmitteln der Autoren-Software umsetzbar.

Zusätzlich können Sie PDF-UA-Konformität als weitere Anforderung festlegen. Das heißt zum Beispiel, dass der Check durch PAC bzw. die Anforderungen des Matterhorn-Protokolls bestanden werden.

Ein über die WCAG 2.1 hinaus gehender Mindest-Standard kann umfassen:

- höhere Mindest-Kontraste
- Schriftart, Schriftformatierung, Mindest-Schriftgrößen
- Auswahl von Bildern und Gestaltung von Informationsgrafiken
- Anforderungen an Bild-Beschreibungen

Der interne Prozess

Müssen Sie regelmäßig Dokumente barrierefrei machen, empfiehlt sich ein strukturiertes Vorgehen. Ich möchte an dieser Stelle die Bausteine eines solchen Prozesses einmal durchgehen. Dieses Vorgehen basiert auf Autoren-Tools.

WCAG-Konformität lässt sich meines Erachtens auch mit Autoren-Software wie Word oder LibreOffice herstellen. Wie am Anfang erwähnt, wird in keiner Richtlinie verlangt, dass Dokumente PDF-UA-konform sein müssen und diese Konformität bietet in der Praxis nach meiner Einschätzung zumindest bei einfachen Dokumenten wenig Mehrwert.

Ist es Ihnen wichtig, PDF-UA-konform zu sein, bieten sich kostenpflichtige Erweiterungen für Word wie CommonLook oder axesPDF an. Eine Alternative ist die Online-Anwendung PAVE, die in den Basis-Funktionen kostenlos ist.

Ein Autoren-Tool-orientierter Prozess hat außerdem den Vorteil, dass Änderungen schneller vorgenommen werden können. Würde man hingegen mit Profi-Tools arbeiten, müssten die Dokumente nach jeder Bearbeitung überprüft und erneut barrierefrei gemacht werden. Das erscheint nicht sinnvoll für Dokumente, die häufig geändert werden oder nur für kurze Zeit gültig sind.

Folgenden Workflow schlage ich für barrierefreie Dokumente vor.

- Die Dokumente müssen so weit wie möglich in der Autoren-Software barrierefrei gemacht werden. Die Vorlagen und Hinweise müssen für die Autoren möglichst optimiert, leicht verständlich und widerspruchsfrei sein.
- Im zweiten Schritt werden die Original-Dokumente gespeichert und so versioniert, dass für eine neue Bearbeiterin leicht erkennbar ist, welches die letzte Version ist.
- Als nächster Schritt wird das barrierefreie PDF mit der Autoren-Software erzeugt und veröffentlicht bzw. weitergegeben.

Ist eine Änderung notwendig, wird das letzte bearbeitete Dokument überarbeitet, neu versioniert und wiederum in ein barrierefreies PDF umgewandelt.

PDF-UA-Konformität sollte in erster Linie für große und komplexe Dokumente angestrebt werden. Sie ist vor allem für Dokumente wichtig, die für die externe Kommunikation gedacht sind.

Ein Vorteil dieses Vorgehens ist, dass etwa mit Word verschiedene andere barrierefreie Formate erzeugt werden können. So kann mit kostenlosen Tools aus einem korrekt formatierten Word-Dokument eine barrierefreie ePub-Datei oder ein HTML-Dokument erstellt werden.

Ein fertig konzipiertes PDF kann nach dem Standard PDF UA barrierefrei gemacht werden. Es ist aber oft nicht mehr möglich, ein fertig gelayoutetes PDF nach WCAG 2.1 barrierefrei zu machen. So müssten etwa die Mindestkontraste häufig angepasst werden - mit anderen Worten: das Layout müsste vollständig verändert werden. Das ist in der Regel nicht realistisch. In jedem Fall erhöht es den Aufwand erheblich.

Hinzu kommt, dass ein für den Druck optimiertes PDF für die digitale Darstellung selten komfortabel ist. Niemand käme auf die Idee, eine komplette Website auf Papier auszudrucken und dies für das optimale Format zu halten. Andererseits erwarten wir von den Nutzerinnen, dass sie eine Broschüre, die als gedrucktes Produkt gut funktioniert am Bildschirm oder sogar auf dem Smartphone lesen.

Dieser Prozess ist sehr schematisch. Es ist deshalb sinnvoll, Feedback von den Beteiligten einzusammeln und den Prozess nach und nach zu optimieren und an Ihre Organisations-Struktur anzupassen.

Rollen-Verteilung

Oft sind mehrere Personen an der Erstellung eines Dokuments beteiligt. Bezüglich der Barrierefreiheit gibt es zwei Möglichkeiten:

- Jede beteiligte Person ist dafür verantwortlich, die von ihr erstellten Inhalte barrierefrei zu gestalten. Das heißt in erster Linie, Formatvorlagen zu verwenden, Tabellen und Abstände korrekt zu formatieren und Bilder zu beschreiben.
- Eine Person übernimmt bei Fertigstellung des Dokuments die Barrierefrei-Machung.

Beide Vorgehensweisen haben Vor- und Nachteile. Ich halte aber die erstere Variante für sinnvoller. Bei komplexen Dokumenten ist das Nachformatieren oft sehr aufwendig. Man kann auch nicht immer wissen, was die beteiligte Person mit einem bestimmten Bild oder einer Formatierung beabsichtigt hat.

Im Endeffekt muss also jede beteiligte Person wissen, welche Aufgaben sie bezüglich der Barrierefreiheit übernehmen muss und wie sie es umsetzt. Die letzte Person in der Kette sollte dann die finale Qualitätssicherung übernehmen und eventuell noch kleinere Fehler korrigieren.

Es sollte auch immer eine interne Ansprechpartnerin geben, die praktische Fragen beantworten kann. In der Theorie klingt vieles einfach, in der Praxis ergeben sich viele Fragen. Es ist auch eine gute Idee, ein FAQ, Forum oder Wiki zum Austausch bereitzustellen.

Dabei gehe ich von einem auf Office basierenden Prozess aus. Müssen Dokumente mit Profi-Tools barrierefrei gemacht werden, sollte die abschließende Barrierefrei-Machung tatsächlich von einer der darauf spezialisierten Personen vorgenommen werden.

Ein einfaches Instrument sind geeignete Vorlagen für Dokumente und Präsentationen. Das hilft übrigens auch, externe Personen zu unterstützen, die für Sie Inhalte erstellen.

Viele PDF-Dokumente barrierefrei machen

Sie haben einen Berg an PDF-Dokumenten, aber weder Zeit, Personal noch Budget, um sie barrierefrei zu machen? In diesem Abschnitt wollen wir uns damit beschäftigen, welche Möglichkeiten es gibt. Vorneweg sei gesagt, dass es die magische Lösung nicht gibt. Ich würde folgendes Vorgehen vorschlagen.

Schritt 1: Aufräumen

Die erste Frage ist, ob ein PDF bzw. die enthaltene Information überhaupt noch benötigt wird. Ist das nicht der Fall, kann es archiviert oder gelöscht werden und muss entsprechend nicht barrierefrei gemacht werden.

Eine Ausnahme kann auch für PDF-Dokumente gemacht werden, deren Zielgruppe auf einen kleinen Kreis von Personen beschränkt ist, bei denen bekanntermaßen keine für das Lesen der Dokumente relevante Behinderung vorliegt. Das ist streng genommen nicht erlaubt, aber Sie könnten zum Beispiel anbieten, ein Dokument bei Bedarf barrierefrei zu machen.

Schritt 2: Das richtige Format auswählen

Muss das Dokument als PDF bereitgestellt werden? Oder reicht es vielleicht, es zum Beispiel als Webseite im Intranet bereit zu stellen. Informationen lassen sich unter anderem auch mit Word als Webseite im HTML-Format speichern und können dann problemlos mit einem Browser wie Firefox geöffnet werden. Das HTML-Dokument kann problemlos wie eine PDF-Datei im lokalen Netzwerk abgelegt werden.

Schritt 3: Lässt sich das Dokument mit Office barrierefrei machen

Einfache Dokumente lassen sich mit Word oder LibreOffice hinreichend barrierefrei machen. Es ist dann nicht notwendig, die Dokumente in professionell barrierefrei gemachte PDFs umzuwandeln.

Mit aktuellen Versionen von Word können auch PDFs geöffnet und nachbearbeitet werden. Allerdings kann dabei einiges beim Layout durcheinandergeraten. Auch deshalb empfehle ich ein möglichst einfaches Layout für Dokumente und Vorlagen.

Schritt 4: Automatisches Taggen

Programme wie Foxit Phantom versprechen das automatische Taggen von PDFs auch in größeren Mengen. Bisher gibt es allerdings wenige Erfahrungen damit, wie gut das automatische Hinzufügen von Tags funktioniert. Mit den gängigen Tools wie Acrobat Pro oder Kofax PowerPDF können bestimmte Schritte wie das Taggen oder das Vergeben von Alternativtexten schnell und teilweise automatisiert erledigt werden. Dabei treten bekanntermaßen Fehler auf, die aber zumindest bei einfachen Dokumenten nicht so schwerwiegend sind, dass die Dokumente vollständig unbrauchbar sind. Das Verwenden automatisiert erstellter Alternativbeschreibungen für Bilder würde ich allerdings bei jetzigem Stand nicht empfehlen.

Möchten Sie eine große Zahl an PDFs barrierefrei machen, würde ich eine Mindest-Qualität definieren. Perfektion ist selbst bei professionell gelayouteten Dokumenten selten zu finden oder notwendig.

Expertise und interne Qualifizierung

Komplexe PDFs mit DTP-Tools barrierefrei zu machen ist keine einfache nebenbei erlernbare und zu erledigende Tätigkeit: Meines Erachtens ist es nicht sinnvoll umsetzbar, einen großen Teil der Belegschaft dafür zu qualifizieren. Die Lernkurve ist sehr hoch und erworbenes Wissen und

Erfahrung können nicht entstehen bzw. gehen schnell verloren, wenn nicht regelmäßig PDFs barrierefrei gemacht werden. Außerdem ist der Zeitaufwand enorm und kann nicht mit der ohnehin zu erledigenden Arbeit einfach zusätzlich geleistet werden. Last not least fallen enorme Lizenzkosten für die Profi-Tools an.

Zwei Fälle sind zu unterscheiden:

- Komplexe Dokumente müssen selten barrierefrei gemacht werden. In diesem Fall ist es sinnvoll, sie an Dienstleister herauszugeben.
- Komplexe Dokumente müssen regelmäßig barrierefrei gemacht werden. In diesem Fall ist es sinnvoll, interne Expertise aufzubauen.

Nach meiner Einschätzung sollte es ausreichen, wenn ein kleines Team zu diesem Thema qualifiziert wird. Die Größe des Teams ist von der Zahl der Dokumente abhängig. Wegen personeller Fluktuationen und dem fachlichen Austausch sollten es aber mindestens zwei Personen sein.

Dieses Team sollte regelmäßig PDFs barrierefrei machen, sich weiterbilden und sich untereinander austauschen können. Prinzipiell kann jede technik-affine Person zum PDF-Profi werden. Grundkenntnisse im Desktop Publishing können aber nicht schaden.

Die gesamte Belegschaft kann dazu qualifiziert werden, wie Dokumente mit der Autoren-Software barrierefrei gemacht werden können. Das erhöht die Qualität der Dokumente insgesamt und erleichtert es den PDF-Profis, die Dokumente nachzubearbeiten.

Die Belegschaft sollte dafür entsprechende Anleitungen, Hilfen und ggf. Schulungen erhalten. Wichtig ist dabei auch, dass die Dokument-Vorlagen für Barrierefreiheit optimiert wurden. Es ist von Vorteil, möglichst einfache Layouts zu verwenden. Als Faustregel gilt: Je weniger Layout, desto einfacher ist es barrierefrei zu machen.

Anforderungs-Management

Alle Nutzerinnen erwarten eine einheitliche Qualität Ihrer Dokumente, was die Barrierefreiheit angeht. Außerdem ist es nicht sinnvoll, es der einzelnen Mitarbeiterin zu überlassen, sich mit den Anforderungen zur Barrierefreiheit zu beschäftigen.

Bei einem erfahrenen Dienstleister sollte es im Grunde reichen, die EN 301549 oder PDF UA als Basis-Anforderung festzulegen. Leider schwanken die Kenntnisse der Dienstleister stark und sind von außen nicht immer überprüfbar. Die Anforderung „Das PDF soll barrierefrei gemacht werden" ist unspezifisch und kann zu schwerwiegenden Missverständnissen führen.

Ich empfehle deshalb, ein eigenes Anforderungs-Management zu verwenden. Darüber hinaus können Sie weitere Anforderungen in einem Mindest-Standard sowie in den Anforderungs-Dokumenten definieren. In der Regel haben Sie Muster für Rahmenverträge, Projekt-Briefings und so weiter, die entsprechend angepasst werden können.

Die Standards EN 301549 oder PDF/UA sind auch sinnvoll als Basis eines Anforderungs-Managements. Sie erfüllen mehrere wichtige Voraussetzungen:

- Sie sind klar definiert und öffentlich zugänglich.
- Ihre Einhaltung kann überprüft werden.

Deshalb sollten Sie den Dienstleistern als Minimum zumindest diese Standards als Anforderung für barrierefreie PDFs mitgeben. Der Dienstleister kann sich dann ggf. einarbeiten und weiß, was von ihm erwartet wird.

Bei der Barrierefreiheit ist es wichtig, alle relevanten Aspekte möglichst frühzeitig zu berücksichtigen. Deshalb sollten Sie Ihre Styleguides, das Corporate Design, Design-Systeme und andere Dokumente, die Sie intern oder extern zur Steuerung und Qualitätssicherung verwenden entsprechend optimieren. Das heißt zum Beispiel, dass Sie sämtliche Farb-Kombinationen so definieren, dass sie den Mindest-Kontrast erfüllen, festlegen, dass Farbe nicht als einziges Erkennungsmerkmal eingesetzt werden sollte oder wie visuelle Hervorhebungen auch für seheingeschränkte Personen zugänglich werden. Auch diese Anforderungen sollten nach und nach optimiert werden, weil der Dienstleister immer wieder praktische Rückfragen stellen wird.

Beachten Sie bitte zu speziellen Zielgruppen: Personen mit Lernstörungen, Senioren oder seheingeschränkte Menschen können jeweils besondere Anforderungen bei Kontrast, Schrift und Text-Gestaltung haben. Solche Anforderungen müssen bereits beim Layout berücksichtigt werden.

Ist Ihnen bekannt, dass sich das Dokument an spezielle Zielgruppen richtet, sollten Sie deren Anforderungen bereits vor der Planung des Layouts recherchieren. Ich empfehle, sich hier nicht auf die Einschätzung von Einzelpersonen ohne einschlägige Expertise zu verlassen. Dafür sind die Anforderungen auch innerhalb einer Gruppe zu unterschiedlich.

Drei Ansatzpunkte für die Barrierefreiheit

Es gibt bei professionell gestalteten Dokumenten in der Regel drei Phasen, in denen Sie bei der Barrierefreiheit ansetzen können:

- bei der Konzeption und der Formulierung der Anforderungen des Dokuments
- während des Layoutens des Dokuments
- nach der Fertigstellung des Layouts

Generell und auch bei barrierefreien Dokumenten ist es sinnvoll, möglichst früh anzusetzen. Bei der Konzeption können Sie etwa Mindest-Kontraste oder die Auswahl der Schrift beeinflussen. Während des Layoutens ist das schon schwieriger und nach dem Layouten des Dokuments können viele Anforderungen der WCAG nicht mehr umgesetzt werden. Prinzipiell können die meisten Dokumente in jedem Stadium PDF-UA-konform gemacht werden. Doch ist es reine Glückssache, ein Dokument nachträglich WCAG-konform zu machen.

Tipps für Auftraggeber

Legen Sie selbst Ihre Anforderungen möglichst frühzeitig fest. Am besten ist es, wenn Faktoren wie eine gut lesbare Schrift oder Mindestwerte für Farb-Kontraste bereits im Corporate Design oder im Styleguide festgelegt werden. Dann müssen diese Fragen nicht mehr diskutiert werden. Ist Ihre Organisation zur Barrierefreiheit verpflichtet und erfüllt Ihr Corporate Design die Anforderungen an Barrierefreiheit bisher nicht, sollten Sie es möglichst überarbeiten.

Spätestens vor dem Layout des Dokuments sollten Sie die Anforderungen definieren. Das gilt vor allem, wenn diese über Standard-Konformität hinausgehen. Richten Sie sich an spezielle Gruppen wie Seniorinnen, steht eine besonders gute Lesbarkeit im Vordergrund. Dann sollten Sie zum Beispiel eine möglichst gut lesbare Schrift auswählen und auf einen guten Kontrast achten.

Am einfachsten Finden Sie die Befähigung eines Auftragnehmers heraus, wenn Sie ihn nach bereits umgesetzten Projekten fragen. Normalerweise stehen professionell gelayoutete Dokumente im Internet zum Download bereit. Auch können Sie den Dienstleister um eine Arbeitsprobe bitten.

Leider stoße ich immer wieder auf Dokumente, die nur im Ansatz oder gar nicht barrierefrei gemacht wurden. Der Test mit dem PAC sagt nichts über die Nutzbarkeit des Dokuments für behinderte Menschen aus. Der PAC lässt sich leicht austricksen, indem etwa alle Inhalte in den Hintergrund gelegt werden.

Im Idealfall wählen Sie eine Auftragnehmerin aus, die das Dokument auch selbst barrierefrei machen kann. Viele selbständige Grafikerinnen und Grafik-Agenturen werden, wenn sie sich nicht auf Barrierefreiheit spezialisiert haben, das PDF ohnehin an eine Barrierefreiheits-Expertin weitergeben. Solange dabei keine rechtlichen Probleme entstehen, weil etwa personen- oder organisations-bezogene Informationen betroffen sind, sollte das aus Ihrer Sicht kein Problem sein. Auf mittlere Sicht verbessert es aber die Planbarkeit, wenn wichtige Dokumente entweder in Ihrem Hause oder von der Grafik-Agentur selbst barrierefrei gemacht werden können. Die Barrierefreiheits-Experten sind bis auf absehbare Zeit gut ausgelastet und haben selten kurzfristig Ressourcen frei.

Bitte planen Sie das Thema Barrierefreiheit in den Publikations-Prozess mit ein. Als Faustregel gilt: Je komplexer das Dokument, desto länger dauert es, es barrierefrei zu machen. Komplex heißt, es ist umfangreich, hat ein verschachteltes Layout, es enthält komplexe Inhalte wie mathematische Formeln oder Formular-Elemente. Es ist kein angemessener Umgang mit Dienstleistern, das eigene schlechte Zeitmanagement auf sie abzuladen.

Ist das Dokument an die Barrierefreiheits-Macherin herausgegeben, sollten keine Änderungen mehr vorgenommen werden. Kleine Änderungen gibt es bei barrierefreien PDFs nicht. Im schlimmsten Fall muss das Dokument komplett neu barrierefrei gemacht werden. Das ist weder in Ihrem noch im Sinne der Barrierefrei-Macherin. Den Mehr-Aufwand müssen Sie in jedem Fall vergüten.

Tipps für Auftragnehmerinnen

Als Auftragnehmerin haben Sie ein Interesse daran, dass Sie möglichst frühzeitig am Prozess beteiligt werden. Im Idealfall sind Sie Grafikerin und Barrierefrei-Macherin in einer Person. Dann haben Sie die beste Chance, Barrierefreiheit vollständig umzusetzen. Sind Sie hingegen die Barrierefrei-Macherin und nicht am Layout oder bei der Konzeption beteiligt, können Sie nur PDF-UA-Konformität gewährleisten. Kommunizieren Sie das entsprechend an den Auftraggeber.

Stellen Sie sicher, dass die Barrierefreiheits-Anforderungen von Anfang an festgelegt werden. In der Regel werden Sie mit Personen zu tun haben, die geringes oder gar kein Wissen zu Barrierefreiheit haben. Die Kontaktperson hat vielleicht von einer anderen Stelle oder einer Vorgesetzten die Anforderung erhalten, ein Dokument barrierefrei zu machen und geht davon aus, dass diese Anforderung eindeutig ist. In diesem Fall fällt es Ihnen als Auftragnehmerin zu, den Auftraggeber über die konkreten Möglichkeiten und Grenzen aufzuklären. Am besten bereiten Sie eine Vorlage vor, in welcher Sie das Thema barrierefreie Dokumente und Anforderungen kurz beschreiben. Dann müssen Sie diese Informationen nicht bei jeder Anfrage neu zusammenstellen.

In jedem Fall sollten Sie sicherstellen, dass die Anforderungen eindeutig definiert werden. Wichtige Fragen sind zum Beispiel:

- Soll das Dokument PDF-UA oder WCAG-konform werden?
- Gibt es spezielle Zielgruppen wie Senioren oder Sehbehinderte?
- Gibt es besondere Anforderungen an die Barrierefreiheit, die über WCAG und PDF UA hinausgehen?

Gibt es einen Widerspruch zwischen den Anforderungen des Auftraggebers und der Barrierefreiheit, sollten Sie den Auftraggeber deutlich darauf aufmerksam machen. Sollte sich der Auftraggeber gegen die Barrierefreiheits-Anforderung entscheiden, bleibt Ihnen keine andere Wahl, als diese Entscheidung umzusetzen. In jedem Fall sollten Sie aber diese Kommunikation schriftlich dokumentieren, um Regress-Forderungen zu vermeiden. Auftraggeber neigen gerne zur Vergesslichkeit. Auch kann sich die Ansprechpartnerin ändern, womit sich häufig auch die Prioritäten ändern.

Auftraggeber haben häufig eine völlig falsche Vorstellung vom Aufwand der Barrierefrei-Machung. Oft kommen Auftraggeber in letzter Minute und müssen Fristen einhalten. Das Thema Barrierefreiheit wird oft unterschätzt oder auf die lange Bank geschoben. Kommunizieren Sie eindeutig im Vorfeld den nötigen zeitlichen Aufwand. Ist der Auftrag in der zur Verfügung stehenden Zeit nicht in einer sinnvollen Qualität umsetzbar, sollten Sie auch dies kommunizieren.

Sorgen Sie dafür, dass alle Anforderungen des Auftraggebers schriftlich dokumentiert werden. Das gilt insbesondere, wenn einige Anforderungen gegen die Barrierefreiheit verstoßen.

Qualitätssicherung

In diesem Abschnitt möchte ich Ihnen einige Tipps mitgeben, wie und was Sie bei barrierefreien PDFs testen können.

Prüfungen sollten immer so früh wie möglich durchgeführt werden. Das heißt, in Word innerhalb von Word, im Adobe Acrobat Professional und so weiter. Das heißt, der Ersteller selbst sollte bereits testen und Fehler reparieren. Das erscheint selbstverständlich, wird jedoch oft vernachlässigt. Schreiben Sie am besten bereits in die Beauftragung, dass die Erstellerin das Dokument zumindest im Erstellungsprogramm auf Barrierefreiheit prüfen und angezeigte Fehler reparieren sollte. Erst der zweite Schritt ist ein separater Test.

Der PDF Accessibility Checker erscheint als ein wunderbar einfaches Prüftool. Allerdings ist der Name irreführend, PDF UA Checker wäre angebrachter. Der PAC lässt sich leicht austricksen und sagt daher wenig über die Barrierefreiheit eines Dokuments aus. Er soll lediglich prüfen, ob ein Dokument die technischen Anforderungen von PDF UA erfüllt. Er kann somit nur am Anfang einer Prüfung stehen. Daneben gibt es zumindest zwei komplexere Prüf-Protokolle:

- Das Matterhorn-Protokoll definiert Prüfprozesse für barrierefreie PDFs. Es enthält sowohl automatisch – durch Software – prüfbare als auch durch Menschen zu prüfende Schritte. Es ist auf Deutsch im Internet verfügbar.
- Ebenfalls auf Deutsch verfügbar ist der BITi-Test für barrierefreie PDFs. Sie finden ihn kostenlos im Internet.

Sowohl der BITi-Test als auch das Matterhorn-Protokoll sind so von Fachbegriffen durchsetz, dass sie in der Praxis von Laien kaum durchführbar sind. Im Anhang finden Sie ein einfaches, auf dem PAC basierendes Prüfverfahren.

In der Regel ist es nicht sinnvoll oder praktikabel, alle anfallenden Dokumente von vorne bis hinten auf Barrierefreiheit zu prüfen. Vielmehr sollten Sie eine eigene Test-Strategie entwickeln. Folgende Faktoren können dafür relevant sein:

- Wie wichtig ist das Dokument bzw. von wie vielen Personen wird es genutzt?
- Wie komplex ist das Dokument? Einfache, einspaltige Text-Dokumente mit ein paar Bildern sind selbst mit kleinen Schönheitsfehlern unproblematisch. Anspruchsvoll sind Dokumente mit komplexen Layouts, verschachtelten Tabellen oder Formularen.
- Wie viele Dokumente fallen an? Je mehr Dokumente anfallen, desto weniger ist es möglich, sie alle auf Barrierefreiheit zu prüfen.
- Richtet sich das Dokument speziell an behinderte Menschen bzw. ist zu erwarten, dass es von vielen behinderten Menschen gelesen wird.

Auch innerhalb eines umfangreichen Dokuments sollten Sie sich auf wichtige Anforderungen konzentrieren. Dazu zähle ich die folgenden Punkte:

- korrekte Formatierung von Überschriften
- Alternativtexte für relevante Bilder
- Linearisierung von Tabellen
- die Beschriftung von Formular-Elementen
- das Erlauben des Zugriffs durch assistive Technologien bzw. der Verzicht auf Schutz-Mechanismen
- Einhaltung des Mindest-Kontrasts

Natürlich sollten alle Anforderungen an barrierefreie Dokumente immer eingehalten werden. Es ist aber unrealistisch, alle Dokumente sorgfältig durchzuprüfen.

Tests durch Nutzerinnen mit einer Behinderung sind ein zweischneidiges Schwert:

- Es ist schwer herauszufinden, ob ein Problem im Dokument oder bei der Nutzerin liegt.
- Die Behebung gerade kleinerer Probleme kann sehr aufwendig sein.

Haben Sie eine Nutzerin assistiver Technologien in Ihrem Team, kann diese sich auch auf die Fehlersuche in barrierefreien PDFs spezialisieren.

Meldet Ihnen eine Nutzerin assistiver Technologien ein Problem, beginnt die Problemanalyse. Folgende Informationen sollten Sie auf jeden Fall abfragen

- Verwendete Plattform und Betriebssystem-Version
- Verwendetes Leseprogramm + Version
- Verwendete assistive Technologie + Version
- In welcher Situation tritt welches konkrete Problem auf.

Je genauer die Problembeschreibung ist, desto eher können Sie herausfinden, woran es liegt.

Die häufigsten Probleme innerhalb eines Dokuments sind meiner Erfahrung nach die folgenden:

- Fehlerhafte Lese-Reihenfolge etwa in mehrspaltigen Dokumenten
- Fehlerhaft beschriftete Formular-Elemente
- Nicht korrekt linearisierte Tabellen

- Fehlerhafte Tab-Reihenfolge
- Aktivierte Sicherheits-Mechanismen
- Fehler bei der Zeichen-Codierung
- Fehlende oder nicht sinnvolle Bildbeschreibungen

Übrigens passiert es auch häufig, dass ein Dokument zwar barrierefrei gemacht wurde, aber die nicht-barrierefreie Variante weitergegeben wird. Da der Unterschied für einen Nicht-Behinderten nicht offensichtlich ist, kann das schnell passieren. Auch deshalb ist eine einfache Versions-Verwaltung sinnvoll.

Wie oben erwähnt kann auch auf Seiten der Nutzerin ein Problem vorliegen. Hier gibt es unzählige Fehlerquellen, die außerhalb unserer Kontrolle liegen. Dazu gehören Bugs im Lese-Programm oder in der assistiven Technologie oder fehlerhafte Einstellungen. Es kann sinnvoll sein, der betroffenen Person ein garantiert fehlerfreies Dokument zuzusenden. Kann sie dieses Dokument ebenfalls nicht lesen, dann liegt das Problem sehr wahrscheinlich auf ihrer Seite und sie muss sich um eine Lösung bemühen.

Vorbereitung von Dokumenten

Dokumente mit Acrobat Professional oder anderen DTP-Werkzeugen barrierefrei zu machen ist kompliziert, zeitaufwendig und damit teuer. Eine gute Vorbereitung kann diesen Prozess drastisch verkürzen bzw. auch überflüssig machen. Darum soll es in diesem Abschnitt gehen.

Ich beschreibe in diesem Abschnitt ein schematisches Vorgehen bei einem vorhandenen Dokument. In der Praxis empfehle ich aber, dass Sie das Dokument direkt bei der Erstellung durchformatieren.

Die erste wichtige Aufgabe ist der konsequente Einsatz der Formatvorlagen. Aktuell werden nicht alle Formatvorlagen von assistiven Technologien ausgelesen bzw. in das PDF übernommen. Es schadet aber nicht, sie trotzdem zu verwenden. Assistive Technologien entwickeln sich stetig weiter. Außerdem sollen Aufgaben des Layouts wie Abstände oder Einrückungen ebenfalls durch die Text-Formatierung durchgeführt und nicht improvisiert werden.

Eine weitere wichtige Aufgabe ist die Vergabe von Bildbeschreibungen. In Microsoft Office haben Sie außerdem die Möglichkeit, Bilder als dekorativ zu markieren, das heißt, sie von assistiven Technologien ignorieren zu lassen.

In Präsentationen ist es notwendig, die Lese-Reihenfolge zu prüfen und ggf. zu korrigieren. Das ist aktuell nur in PowerPoint möglich.

In der Tabellenkalkulation können Sie den Bereich der Tabelle auf dem Tabellenblatt definieren. In Excel kann außerdem festgelegt werden, wo sich die Überschriften der Tabelle befinden.

Bei längeren Abschnitten in Fremdsprachen sollten Sie die Sprache des Abschnitts festlegen. In LibreOffice können Sie auch die Hauptsprache des Dokuments definieren. Es ist übrigens nicht notwendig, die Sprache für einzelne Fremdwörter anzupassen.

Weiterhin müssen Sie die Metadaten festlegen. Metadaten sind Informationen zum Dokument wie der Name des Autors oder der Dokumententitel.

Im letzten Schritt lassen Sie die integrierte Barrierefreiheits-Prüfung über das Dokument laufen. Bitte beachten Sie: Automatische Prüfungen sind generell in ihren Möglichkeiten begrenzt. Sie können zum Beispiel prüfen, ob Überschriften sehr lang sind, ein Hinweis darauf, dass eine Formatvorlage falsch angewendet wurde. Sie prüfen aber nicht, ob ein Alternativtext sinnvoll ist.

In der Regel werden Sie das Dokument als PDF weitergeben. An dieser Stelle müssen Sie die in Office integrierte Export-Funktion verwenden, um ein getaggtes PDF zu erzeugen. Nutzen Sie nicht andere Funktionen wie etwa den Drucker-Treiber oder Freeware-Tools, diese können in der Regel keine getaggten PDFs erstellen. Nach Möglichkeit sollten Sie immer sprechende Dateinamen verwenden. So ist „Jahresbericht-2022-Muster-GmbH" besser als eine kryptische Zeichenkette.

Bitte heben Sie das Quell-Dokument auf. Wenn es mehrere Versionen gibt, passen Sie jeweils den Dateinamen an, um eine einfache Versions-Verwaltung zu haben. Das ist wichtig, damit Sie nachträglich Anpassungen vornehmen können und Sie oder eine andere Person immer wissen, welches die jeweils aktuelle Version ist.

Die Arbeit mit Source-Dokumenten

Optimal für die Barrierefreiheit wäre ein Format, bei dem man Inhalt und Layout sauber trennen kann, zum Beispiel XML oder Latex. Da das nicht immer möglich ist, ist eine Textverarbeitung der beste Kompromiss aus Umsetzung und Trennung der beiden Aspekte: Die Formatvorlagen sind nicht optimal, aber besser als nichts. Der Vorteil ist nebenbei, dass Sie in der Regel auch gut weitere Dokument-Typen wie ePub aus solchen Formaten erstellen können.

Bei der Arbeit mit Textverarbeitungen gibt es vier wichtige Aspekte:

- Improvisieren Sie nicht das Layout. Verwenden Sie immer die Möglichkeiten der Text-Verarbeitung, um Abstände, Seitenumbrüche, Einrückungen und so weiter zu erzeugen.
- Setzen Sie konsequent die Formatvorlagen vor allem für Überschriften, Aufzählungen und so weiter ein. Das Layout der Formate können Sie später noch anpassen, wichtig ist, dass dies auf Grundlage der Formatvorlagen geschieht.
- Beschreiben Sie die verwendeten Grafiken. Es ist nicht Aufgabe der Desktop Publisher, Grafiken zu beschreiben.
- Je einfacher das Layout, desto einfacher kann es barrierefrei gemacht werden. Braucht man diese Linie, muss das Logo auf jeder Seite enthalten sein und so weiter.

A und O guter barrierefreier Dokumente sind optimierte Dokument-Vorlagen. Dort können Sie Aspekte wie Schriftgröße, Farben und so weiter festlegen. Weiterhin wichtig ist, dass Sie Anleitungen etwa zur Erstellung von Informationsgrafiken für die Erstellerinnen mitgeben.

Analoges gilt für Präsentationen. Stellen Sie barrierefreie Präsentations-Vorlagen zur Verfügung. Das nimmt den Erstellerinnen viel Arbeit ab und stellt eine einheitliche Qualität sicher.

Wenn Sie die Schritte konsequent umsetzen, können Sie ein für blinde Menschen gut nutzbares Dokument mit Office-Bordmitteln erzeugen. Expertinnen bestehen immer auf Konformität mit den Standards. Meines Erachtens wird diese Konformität aber gerade bei Dokumenten überschätzt.

Inhaltliche Aspekte

Es gibt einige Grundlagen der visuellen Gestaltung, die ich hier nur ganz kurz anreißen möchte. Im Grunde gibt es drei Gestaltungsprinzipien:

- Der Kontrast für Text kleiner als 18 pt soll mindestens 4,5:1 betragen. Kontrast-Rechner finden Sie im Internet z.B. bei WebAIM.

- Der Kontrast für Text 18 pt und größer sowie für Elemente in Informationsgrafiken soll mindestens 3:1 betragen.
- Es sollen keine Informationen ausschließlich über Farbe kommuniziert werden. Suchen Sie nach Elementen, die eine Funktion bzw. Information transportieren und sorgen Sie dafür, dass zumindest ein Informations-Element vorhanden ist, das keine Farbe ist. Rot/grün und gelb/blau sind die häufigsten Farben-Blindheiten, deswegen sollten diese Farben nicht direkt nebeneinander verwendet werden. Hyperlinks sind besonders oft nur durch die Farbigkeit kenntlich.
- Es sollen keine Merkmale verwendet werden, die ausschließlich auf einer Sinneswahrnehmung beruhen. Dazu zählen Positionsangaben (auf der rechten Seite finden Sie), Farb-Informationen (achten Sie auf den roten Text) und Ähnliches.

Natürlich gehören auch Themen wie Animationen oder Multimedia zur digitalen Barrierefreiheit, spielen aber in Dokumenten bisher eine untergeordnete Rolle.

Optimierung des Workflows

Wenn die Dokumente mit Profi-Tools barrierefrei gemacht werden sollen, haben Sie mit den oben beschriebenen Schritten bereits eine gute Basis geschaffen. Wichtig ist außerdem, dass das Dokument, welches barrierefrei gemacht werden soll FINAL vorliegt. Schon kleinere Änderungen können dazu führen, dass der Prozess der Barrierefrei-Machung wiederholt werden muss. So was wie kleine Änderungen gibt es bei barrierefreien PDFs leider nicht.
Bei Formularen ist es sinnvoll, sie nicht in Word barrierefrei zu machen. Leider sind die Steuer-Elemente von Microsoft Office mit dem PDF-Standard nicht kompatibel. Hier reicht es, wenn Sie das Formular in Word vorbereiten. Sie können zum Beispiel gepunktete Linien anstelle der Eingabefelder verwenden. Anschließend muss das Dokument mit einem Profi-Tool nachbearbeitet werden.

Die meisten Dienstleister, die ich kenne bevorzugen es, wenn sie das Source-Dokument etwa im Office-Format erhalten. Sie können dann das, was Office besser kann dort schneller reparieren und nur die Nacharbeiten in Profi-Tools erledigen.

Entscheidungshilfe: Office oder DTP

In meinen Schulungen stellt sich häufig die Frage, wann Autoren-Tools besser geeignet sind und in welchen Fällen man lieber mit Acrobat oder anderen DTP-Programmen arbeiten sollte.

Die erste Frage ist, ob PDF überhaupt ein geeignetes Format ist. Wenn Sie eine Website oder ein Intranet haben, können Sie sowohl Inhalte als auch Formulare direkt als Web-Inhalt einstellen und benötigen den Umweg über PDF nicht. Alle gängigen Web-Browser sind in der Lage, Inhalte als PDF zu speichern, falls das eine der Nutzenden möchte. Die Agentur, welche die Website gestaltet kann ein eigenes Stylesheet anlegen, damit Inhalte für Print optimiert werden, das heißt, der Inhalt wird dynamisch so umgewandelt, dass er gut ausgedruckt oder als PDF gespeichert werden kann.

Acrobat oder Quark sind vor allem für komplexe Layouts gedacht. Es wäre also zu klären, ob die Layouts für den Inhalt so komplex sein müssen oder ob die Möglichkeiten von Office nicht ausreichend sind.

Zunächst einmal sind alle Dokumente, die ohnehin mit Office erstellt werden auch dafür geeignet, mit Office barrierefrei gemacht zu werden. Berichte, Pressemitteilungen oder Protokolle werden Sie in seltenen Fällen mit InDesign nachbearbeiten.

Weiterhin sollten alle Dokumente, die eine kurze Lebensdauer haben oder häufig geändert werden mit Office barrierefrei gemacht werden. Es ist nicht mit überschaubaren Ressourcen machbar, diese Dokumente beständig nachzubearbeiten.

Andererseits gibt es Dokumente, bei denen Office an seine Grenzen stößt. Das sind interaktive Formulare, Dokumente mit komplexen Layouts oder mit verschachtelten Tabellen. An dieser Stelle kommen Sie an einer Web-Anwendung oder einem professionell aufbereiteten PDF nicht vorbei.

Umsetzung mit Microsoft Office

Ursprünglich hatte ich geplant, auch eine Anleitung für LibreOffice hinzuzufügen. Ich habe mich hauptsächlich aus zwei Gründen dagegen entschieden.

- Die Arbeitsweise ist generell in allen anderen Office-Paketen gleich, mit denen sich barrierefreie PDFs erstellen lassen, also in LibreOffice Writer und Apple Pages. Ich hätte mich deshalb wiederholen müssen.
- Leider ist es aber auch so, dass derzeit kein Office-Paket mit den aktuellen Versionen von Microsoft Office mithalten kann, was die Barrierefreiheit angeht. Zumindest sind die Dokumentationen für LibreOffice aktuell nicht ausreichend, insbesondere für Impress und Calc, so dass die Umsetzung hier deutlich schwieriger ist.

Hinweis: Die Position und Bezeichnung der Funktionen sowie das Layout können in unterschiedlichen Versionen von Microsoft Office auch zwischen Mac und PC abweichen. Das Buch bezieht sich auf Office 365 für Windows im Jahr 2022. Ausführliche Anleitungen zu den einzelnen Programmen finden Sie auch online direkt bei Microsoft im Office Barrierefreiheits-Center.

Bitte beachten Sie, dass temporäre Software-Fehler enthalten sein können. Diese können sich auch negativ auf die Barrierefreiheits-Funktionen auswirken.

Diese Anleitung ist kein Grundkurs im Umgang mit Microsoft Office. Sie finden zu allen angesprochenen Themen vertiefende Informationen und Hilfen im Internet sowie im Hilfe-Center von Microsoft Office.

Generell gibt es einige technische Einschränkungen von MS Office, die auch für barrierefreie Dokumente relevant sind:

- Kopf- und Fußzeilen sowie Seitenzahlen werden Blinden im Normalfall nicht angezeigt. Werden die Dokumente als barrierefreies PDF gespeichert, sind die Inhalte von Kopf- und Fußzeilen für Blinde vollständig unsichtbar. Wichtige Informationen wie Zahlungsdaten sollten daher nicht ausschließlich in der Kopf- oder Fußzeile untergebracht werden.
- Der Umfließen-Modus funktioniert in einem mit Word erstellten PDF nicht, wenn die Seite eine Grafik enthält. Integrieren Sie deshalb am besten keine Bilder in den Fließtext.
- Generell kann mit MS Office kein nach PDF UA fehlerfreies Dokument erstellt werden. Tools wie der PDF Accessibility Checker werden immer Fehler in solchen Dokumenten anzeigen. Diese Fehler lassen sich mit den Mitteln von Office nicht reparieren. Für einfache Dokumente sind diese Fehler aber für deren Barrierefreiheit in der Regel auch nicht relevant.
- In Word sollten keine Text-Boxen nachträglich eingefügt werden. Leider ist es nicht möglich, diese korrekt in den Lesefluss einzuordnen.
- Word-Formulare sind weder in Word selbst noch als exportiertes PDF barrierefrei.

Word

Die Formatvorlagen gibt es nur in Word. Ansonsten gelten die beschriebenen Funktionen so oder ähnlich auch für PowerPoint sowie Excel. Sie werden deshalb nur einmal und exemplarisch am Beispiel Word erläutert.

Formatierung

Folgende Arbeitsweisen sollten Sie vermeiden:

- Abstände oder Einrückungen durch Tab oder Return erzeugen
- Hervorhebungen durch Farbe, Kursivstellung, Unterstreichung oder Fettung
- Häufige Änderung von Schriftart und Schriftgrad

Alle diese Formatierungen verschlechtern die Lesbarkeit und Anpassbarkeit. Für Blinde sind Hervorhebungen dieser Art nicht erkennbar. Ihnen gehen also eventuell Informationen verloren.

Um Abstände zu erzeugen, verwenden Sie die Absatzformatierung von Word.

Tipp: Sie können sich Absatzmarken, Tabs und Leerzeichen (die sogenannten Steuerzeichen) visuell anzeigen lassen. Wählen Sie dazu im Menü „Start" den Punkt „Alle anzeigen".

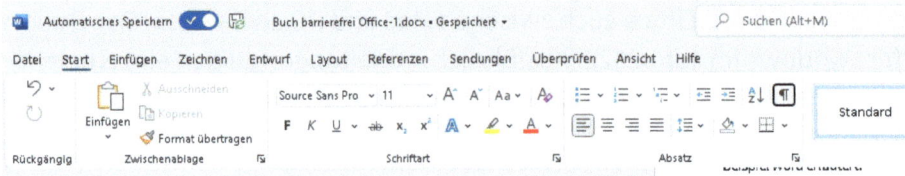

Über die Funktion „Suchen und ersetzen" in Word können Sie über die erweiterte Suche solche Formatierungen automatisch suchen und aus dem Dokument entfernen lassen.

Texte auszeichnen mit Formatvorlagen

Es ist wichtig, Strukturelemente des Textes auszuzeichnen. Dazu werden die Formatvorlagen verwendet. Die Strukturelemente sind für Blinde das, was für Sehende die visuelle Formatierung ist.

Zunächst markieren Sie den zu formatierenden Text, dann wählen Sie die gewünschte Formatvorlage aus. Formatvorlagen sind zum Beispiel

- Überschriften
- Listen
- Absätze

Es gibt noch weitere Formatvorlagen, die aber aktuell für die Barrierefreiheit nicht relevant sind. Sie werden entweder von den assistiven Technologien nicht interpretiert oder nicht in das PDF-Format übernommen.

Wenn Sie das Aussehen einer Formatvorlage verändern möchten, klicken Sie diese mit der rechten Maustaste an. Wählen Sie den Menüpunkt „Ändern". Es erscheint ein Dialogfenster, in dem Sie Werte wie Schriftart, Schriftgrad, Abstände und weitere Angaben anpassen können.

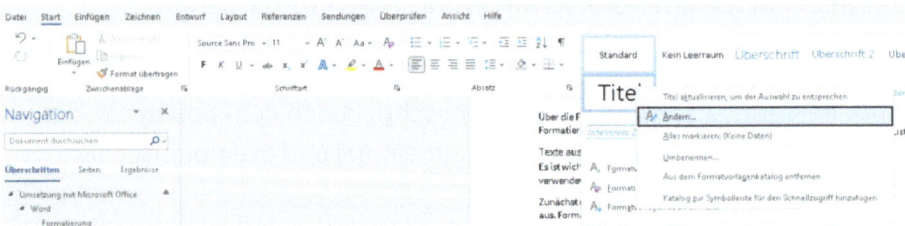

Eine Formatvorlage sollte immer ihrem Zweck entsprechend angewendet werden. Sie sollten also nicht eine Formatvorlage auf normalen Text anwenden, weil Ihnen das Layout dieser Formatvorlage besonders gut gefällt.

Die häufigste Formatvorlage ist der Absatz. Die Formatvorlage wird automatisch angewendet, wenn Sie Return drücken. Auch für Absätze können Sie über die Formatvorlage „Paragraph" eigene Werte für Abstände, Schrift oder Einrückung anlegen. Alternativ können Sie auch über das Kontextmenü über den Punkt „Absatz" die Abstände festlegen.

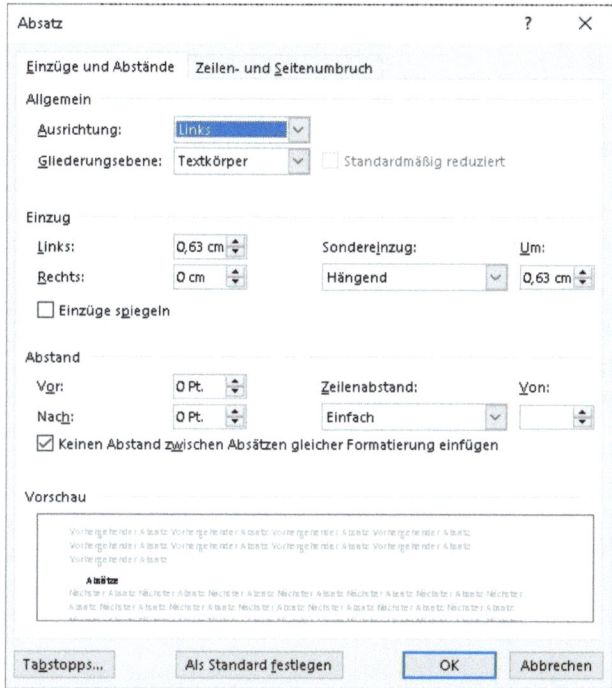

Um einen Text als Überschrift auszuzeichnen, gehen Sie folgendermaßen vor: Markieren Sie den Text, der eine Überschrift werden soll. Wählen Sie im Menü „Start" den Punkt „Formatvorlagen" und wählen Sie die gewünschte Überschrift. In der Regel ist die Überschrift 1 am Anfang des Dokuments. Die Überschrift 2 wird für Zwischenüberschriften verwendet. In umfangreichen Dokumenten ist die Überschrift 1 für die Haupt-Kapitel gedacht und die Überschrift 2 für die Unterkapitel.

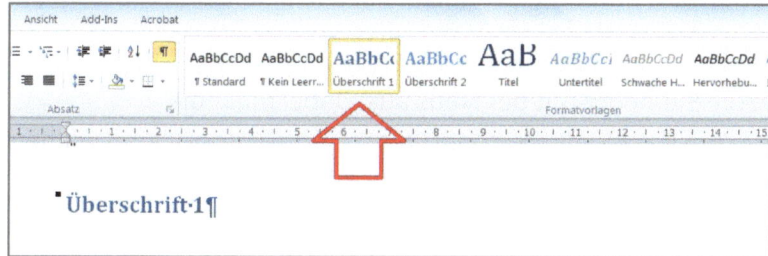

Markieren Sie zunächst den Text für die Überschrift. Wählen Sie im Menü „Start" den Punkt „Formatvorlagen". Wählen Sie dort die passende Formatvorlage aus.

Es gibt zwei Arten von Listen:

- Nicht-nummerierte Listen sind am vorangestellten Listenpunkt zu erkennen
- Nummerierte Listen sind an der vorangestellten Ziffer zu erkennen

Markieren Sie zunächst den Text, der eine Liste werden soll. Wählen Sie im Menü "Start" den Punkt „Aufzählungszeichen". Dort finden Sie die verschiedenen Listenformate. Wählen Sie dort aus, welchen Listentyp Sie verwenden möchten.

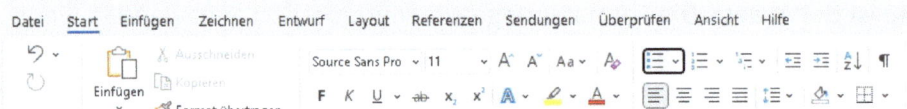

Die Einrückung, das Listen-Symbol und Abstände können Sie ebenfalls über die Formatvorlagen oder die Absatzformatierung anpassen.

Beschreibungen für Grafiken und Bilder

Eine Beschreibung für Bilder für Blinde sollte so kurz wie möglich und so lang wie nötig sein. Mehr als 80 Zeichen sollten es nicht sein, je weniger, desto besser.

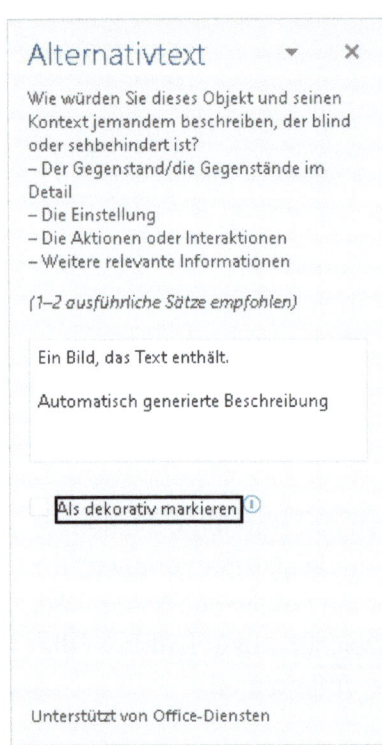

Um Alternativtexte für Bilder und Objekte einzufügen, klicken Sie das Objekt mit der rechten Maustaste an und wählen den Punkt "Alternativtext bearbeiten". In dem erscheinenden Feld können Sie die Bildbeschreibung eintragen oder das Bild als dekorativ markieren. Das heißt, dass das Bild von assistiven Technologien ignoriert wird.

Um eine für alle Nutzende sichtbare Bildunterschrift zu vergeben, klicken Sie das Objekt mit der rechten Maustaste an und wählen die Registerkarte "Beschriftung einfügen". Tragen Sie Ihre Bildunterschrift in das Eingabefeld ein.

Objekte gruppieren

Besteht eine Grafik aus mehreren Elementen, die nur einen Alternativtext erhalten sollen, gruppieren Sie zunächst die Elemente. Das gilt besonders, wenn Sie die Möglichkeiten von Office verwendet haben, um Schaubilder zu erstellen. Sind die Elemente nicht gruppiert, müssten Sie für jedes Element eine alternative Beschreibung vergeben. Auch eingefügte Bilder können gruppiert werden.

Um Elemente zu gruppieren, wählen Sie die Elemente mit der Maus aus. Dabei muss die Umschalttaste gehalten werden. Gehen Sie in das Menü „Zeichentools" oder „Bildtools" und wählen Sie dort die Funktion „Gruppieren".

Verlinkungen

Schreiben Sie zunächst den Text, den Sie verlinken möchten, Markieren Sie den Text und klicken Sie ihn mit der rechten Maustaste an.

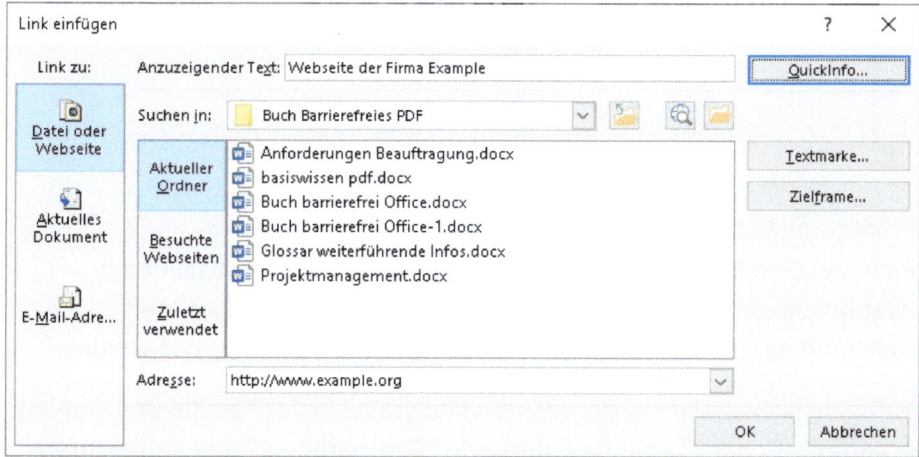

Wählen Sie aus dem Kontextmenü den Punkt "Links" und geben Sie im Feld „Adresse" die Adresse ein. Im Punkt „Quick-Info" können Sie eine Beschreibung eingeben, die beim Überfahren mit der Maus angezeigt wird.

Sprache festlegen

Stellen Sie sicher, dass blinden Personen das Dokument in der korrekten Sprache vorgelesen wird. Markieren Sie zunächst den gesamten Text.

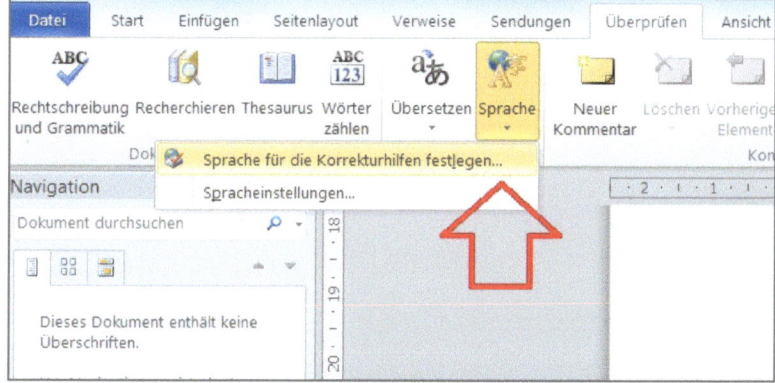

Wählen Sie im Menü „Überprüfen" den Punkt „Sprache für Korrekturfunktionen festlegen". Wählen Sie dort die passende Sprache aus. Wenn Sie einen bestimmten Abschnitt auszeichnen möchten, gehen Sie ähnlich vor. Markieren Sie zunächst den Textabschnitt und wählen Sie anschließend die passende Sprache aus.

Tipp: Office verwendet die Sprach-Auszeichnung auch für die integrierte Rechtschreibprüfung. Sind viele Passagen unterkringelt, deutet das darauf hin, dass an dieser Stelle eine falsche Sprache hinterlegt wurde.

Tabellen

Tabellen sollen nur verwendet werden, um tabellarische Daten anzuordnen. Verwenden Sie Tabellen nicht, um Bilder oder Text im Dokument zu positionieren.

In der Regel werden Sie eher einfache Tabellen in Word oder PowerPoint verwenden. Erstellen Sie die Tabelle mit der Funktion „Tabelle einfügen" aus dem Einfügen-Menü. Verwenden Sie nicht die Funktion "Tabelle zeichnen", da die Screenreader Probleme dabeihaben, diese Tabellen richtig zu erkennen.

In Tabellen können Sie nur für Blinde sichtbare Beschreibungen hinterlegen sowie Überschriftenzellen benennen. Beschreibungen sind sinnvoll, wenn sich die Tabelle nicht auf Anhieb erschließt oder ein wenig komplexer ist. Ist die Tabelle sehr einfach aufgebaut oder im vorangegangenen Text hinreichend beschrieben, ist keine zusätzliche Beschreibung notwendig.

Um eine Beschreibung einzufügen, klicken Sie mit der rechten Maustaste in der Tabelle und wählen den Punkt „Tabelleneigenschaften". Gehen Sie zur Registerkarte "Alternativtext" und geben Ihren Text in das Feld "Beschreibung" ein.

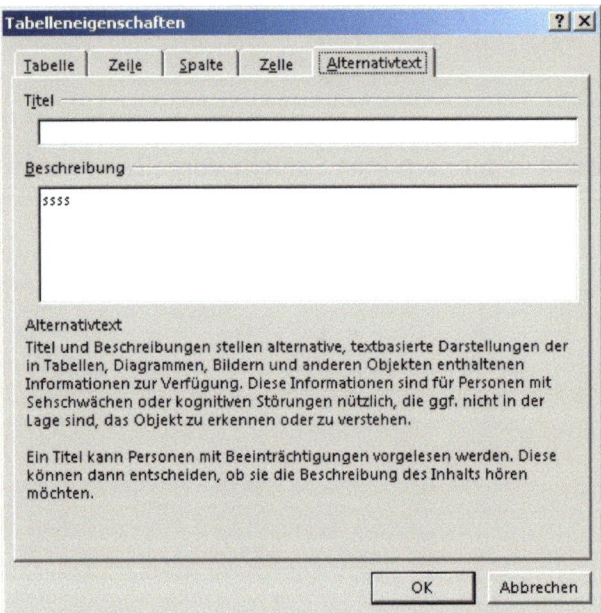

Wenn der Name der Spalte in den Tabellenköpfen steht, können Sie die erste Zeile als Überschriftenzeile festlegen. Wählen Sie dazu in den "Tabellen-Tools" den Punkt "Kopfzeile".

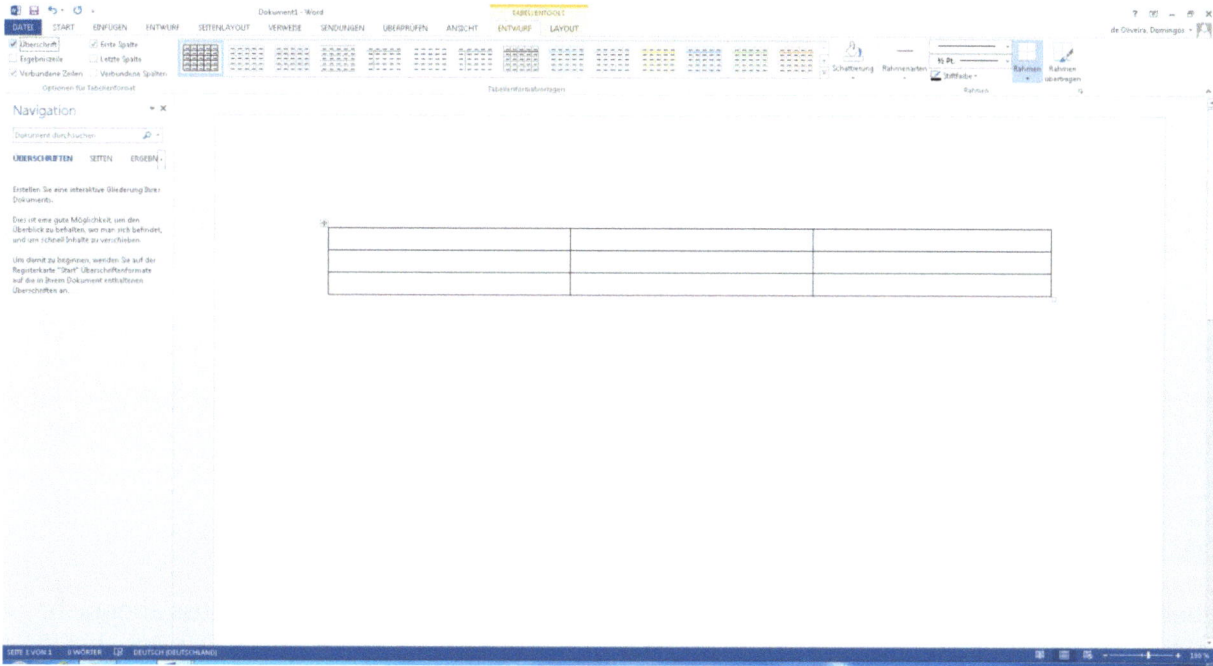

Bei Tabellen, die über eine einzelne Seite hinausgehen, können Sie festlegen, dass die Überschriftenzeile auf jeder Seite wiederholt wird. Das erhöht die Übersichtlichkeit, vor allem, wenn das Dokument ausgedruckt wird. Aktivieren Sie dazu den entsprechenden Punkt in den Tabellen-Tools.

Mit der Option „Gebänderte Zeilen" werden Zeilen abwechselnd eingefärbt. Das erleichtert die Orientierung in umfangreichen Tabellen. Auch diese Funktion finden Sie in den Tabellen-Tools.

Tabellen sollten möglichst keine leeren Zellen enthalten. Zellen ohne Inhalt verwirren die Nutzenden von Hilfstechnologien.

Meta-Daten eingeben

In den Metadaten können Sie Informationen zum Dokument wie den Namen des Autors und den Titel des Dokuments eintragen.

Wählen Sie Dazu im Menü „Datei" den Punkt „Informationen". Klicken Sie auf „Eigenschaften". Auf der rechten Seite erscheint eine Reihe von Eingabefeldern. Dort können Sie Informationen wie den Namen des Autors oder den Titel des Dokuments eintragen.

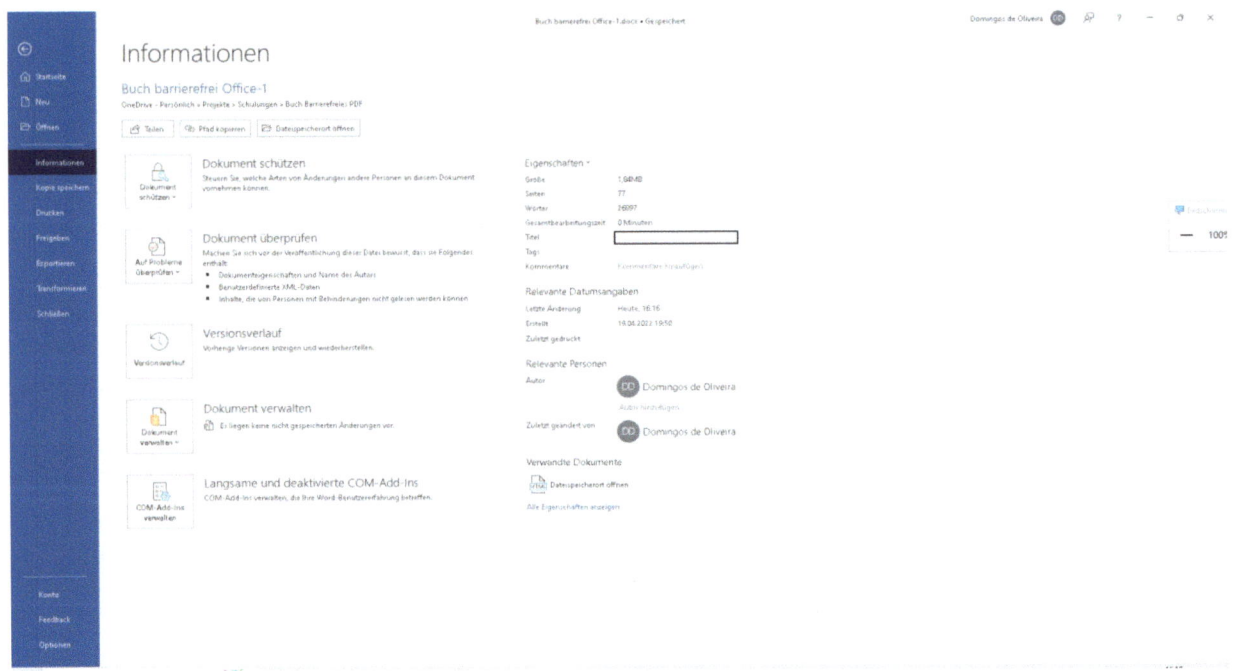

Geben Sie im Feld „Titel" ein, was Blinden vorgelesen werden soll. Der Titel kann, muss aber nicht mit dem Titel des Dokuments identisch sein. Unter „Autor" können Sie auch den Namen Ihrer Organisation eingeben.

Barrierefreiheit prüfen

Ab Office 2010 können Sie eine integrierte Funktion verwenden, um Ihr Dokument auf Barrierefreiheit zu prüfen. Klicken Sie dazu im Menü „Überprüfen" auf „Auf Barrierefreiheit prüfen".

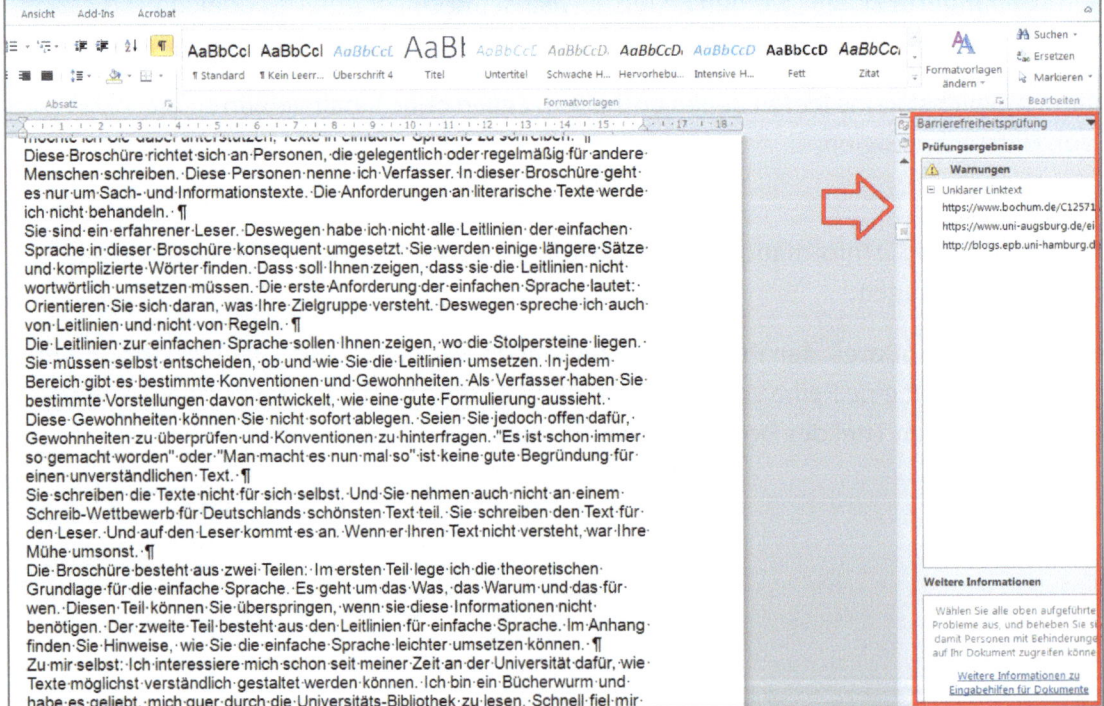

Auf der rechten Seite erscheinen Fehler, Warnungen und Hinweise. Die Fehlerstellen werden jeweils kurz erläutert. Sie können diese Fehler einzeln durchgehen und korrigieren.

Beachten Sie: Die Funktion kann nur automatisch erkennbare Probleme anzeigen. Sie weiß nicht, ob ein Alternativtext für ein Bild sinnvoll ist oder ob ein Textabschnitt eine Überschrift sein sollte.

In der Regel sind nur die eigentlichen Fehler relevant. Warnungen und Hinweise wie „Grafik nicht in Zeile" können Sie in der Regel ignorieren.

PowerPoint

Das im Abschnitt „Word" Beschriebene gilt grundsätzlich auch für PowerPoint. Nur die Formatvorlagen gibt es in PowerPoint nicht. Ansonsten sollten Sie alle Schritte wie beschrieben durchführen.

In PowerPoint liegt ein besonderes Augenmerk auf der Lese-Reihenfolge. Für Blinde ist wichtig, dass die Elemente auf einer Folie in einer logischen Reihenfolge vorgelesen werden: Zuerst der Titel, dann der Inhalt, dann die Foliennummer. Die Vorlese-Reihenfolge ist unabhängig davon, wie die Elemente visuell angeordnet sind.

Wählen Sie im Menü „Start" den Punkt „Anordnen" und dort den Punkt „Auswahl-Bereich".

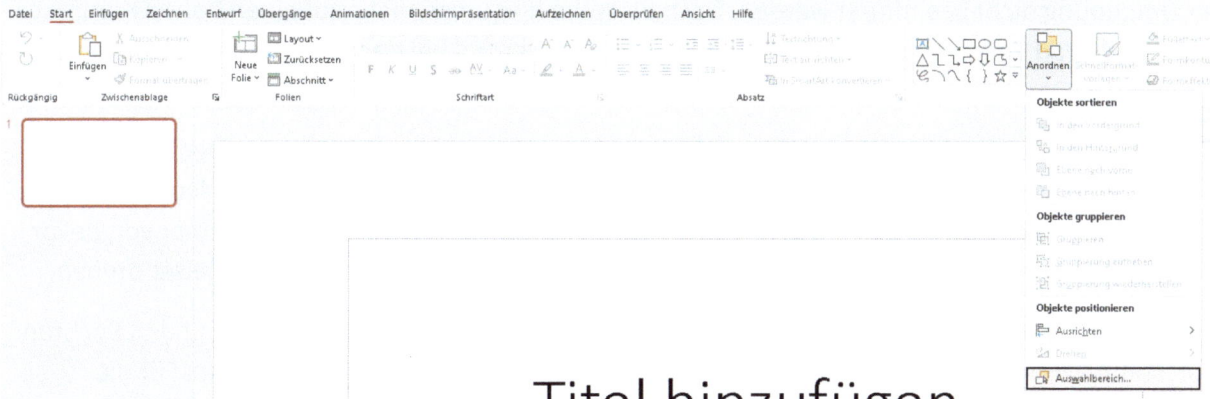

Auf der rechten Seite erscheint eine Liste aller Objekte auf der jeweiligen Folie. Mit den Pfeilen legen Sie die Lese-Reihenfolge fest. Das muss für jede Folie wiederholt werden. Am besten erledigen Sie diese Aufgabe, bevor Sie die Präsentation mit Inhalten befüllen.

Wichtig: Die Elemente werden von der Hilfstechnik in umgekehrter Reihenfolge vorgelesen. Was also ganz unten steht, wird als Erstes vorgelesen. Was oben steht, wird als Letztes vorgelesen.

Die Folien-Titel erfüllen in PowerPoint ähnliche Aufgaben wie die Kapitel-Überschriften in Word. Deshalb sollten sie möglichst selbsterklärend sein und für jede Folie individuell vergeben werden.

Exkurs: Präsentationen barrierefrei gestalten

Die technischen und typografischen Anforderungen sowie Empfehlungen für Informationsgrafiken gelten natürlich auch für Präsentationen. Darüber hinaus gibt es einige Best Practices.

Generell sollten Präsentationen nicht zu stark mit Text befüllt werden. Große Text-Mengen sind in Präsentations-Situationen nicht zu bewältigen. Die Teilnehmerinnen versuchen stets, den gesamten Text zu lesen und gleichzeitig zuzuhören. Ist zu viel Text vorhanden, scheitern sie an beidem. Für Sehbehinderte reicht außerdem die Zeit zum Lesen oft nicht aus.

Behalten Sie in Präsentations-Situationen im Hinterkopf, dass Blinde die Präsentation gar nicht wahrnehmen. Sind Elemente vorhanden, die für Sehende offensichtlich sind, sollten sie trotzdem verbalisiert werden. Stellen sie sich vor, der Beamer würde ausfallen und Sie müssten ohne Präsentation vortragen.

Als minimale Text-Größe wird 28 pt empfohlen. Zwischen den Absätzen oder Bullet-Points sollte ein leicht größerer Abstand sein, um die Abschnitte gut unterscheiden zu können.

Jede Folie sollte einen eindeutigen und einmaligen Titel haben. Die Folien-Titel dienen vor allem Sehbehinderten und Blinden als Orientierungspunkte. Bekommt man zwei Mal hintereinander den gleichen Folien-Titel angezeigt, denkt man vielleicht, dass man diese Folie schon gesehen hat.

Auch bei Folien sollte man mit Rastern arbeiten, also nicht zu viele kleinteilige Einheiten auf der Folie verteilen. Ich empfehle maximal vier Inhaltsblöcke. Es ist gut, wenn die Folien möglichst einheitlich gestaltet sind. Zum Beispiel sollte Text nicht abwechselnd links oder rechts auf der Folie sein. Sehbehinderte arbeiten oft mit Monokularen oder mit einer kleinen Kamera und können dann nur einen kleinen Teil der Folie sehen.

In Präsentations-Situationen ist das Lesen selten optimal. Oft kann die Helligkeit des Beamers sowie der Umgebung nicht beeinflusst werden. Deshalb sollte hier umso mehr auf einen hohen Kontrast und Schriftgrad geachtet werden. Ein leicht grauer Hintergrund bei den Folien ist oft besser als ein reines Weiß. Das verringert zwar den Kontrast, aber auch die Blendung.

Bitte verzichten Sie auf animierte Effekte wie Folien-Übergänge, einschwebende oder blinkende Elemente. Sie können verschiedene Personen triggern oder zumindest irritieren. Video- und Audio-Inhalte sollten nicht von selbst starten. Warnen Sie in Präsentations-Situationen immer vor, bevor Sie solche Inhalte starten. Dann können die Teilnehmenden ggf. ihre Lautsprecher leiser drehen.

Geben Sie die Folien gerne auch an die Teilnehmenden weiter. Wenn es Probleme mit den Rechten gibt, sollten zumindest die behinderten Teilnehmerinnen die Folien erhalten können. Für die Lektüre ist das PowerPoint-Format oft besser nutzbar als ein PDF. Es ist bei PowerPoint einfacher, sich durch die Folien durchzublättern.

Zusätzliche Informationen wie ausführliche Bildbeschreibungen können zum Beispiel über die Folien-Notizen eingefügt werden. Sie sollten dies ggf. den Betroffenen mitteilen, da Notizen nicht automatisch mitgelesen werden.

Häufig ist es schwierig, komplexe Grafiken angemessen in Textform zu beschreiben. Sie haben zum Beispiel die Möglichkeit, die Beschreibungen als Audiokommentare mit PowerPoint aufzunehmen. Sie sollten dabei kurz beschreiben, was zu sehen ist und anschließend das beschreiben, was Sie Sehenden mitteilen würden. Haben Sie dabei immer im Hinterkopf, dass Blinde nichts von der Grafik sehen können.

Ausführliche Beschreibungen sollten immer gut strukturiert sein. Machen Sie sich also im Vorfeld Stichworte dazu, wann Sie was sagen möchten.

In der Praxis wird es meines Erachtens sehr oft notwendig sein, dass sich eine blinde Person komplexe Grafiken etwa aus der Wissenschaft individuell beschreiben lässt. Die Informations-Bedarfe, aber auch das Abstraktions-Vermögen sind bei Blinden sehr unterschiedlich ausgeprägt. Dennoch sollten Sie immer zumindest eine rudimentäre Beschreibung einfügen.

Excel

Für Excel gelten grundsätzlich die gleichen Anforderungen wie für Word. Formatvorlagen gibt es allerdings in Excel nicht. Auch für Tabellen gelten andere Regeln.

Zunächst müssen Sie auf dem Tabellenblatt festlegen, welcher Bereich Ihre Tabelle ist. Wählen Sie dazu unter „Start" den Punkt „Als Tabelle festlegen".

Setzen Sie dort auch den Haken bei „Tabelle hat Überschriften", wenn die erste Zeile der Tabelle die Überschriftenzellen enthält.

Achten Sie darauf, dass die einzelnen Tabellenblätter sinnvoll benannt sind. Die Namen erfüllen eine ähnliche Funktion wie Überschriften in Word oder Folien-Titel in PowerPoint.

Werden Inhalte wie Pivot-Charts mit Bordmitteln von Excel umgesetzt, können sie in der Regel auch mit assistiven Technologien verwendet werden. Bei programmierten Anwendungen lässt sich das leider nicht ohne weiteres sagen. Leider sind einige Inhalte wie Smart-Art-Grafiken in Excel derzeit nicht barrierefrei.

Als barrierefreies PDF exportieren

Wenn Sie das Dokument als PDF weitergeben möchten, gehen Sie folgendermaßen vor. Wählen Sie im Menü „Datei" den Punkt „Speichern unter".

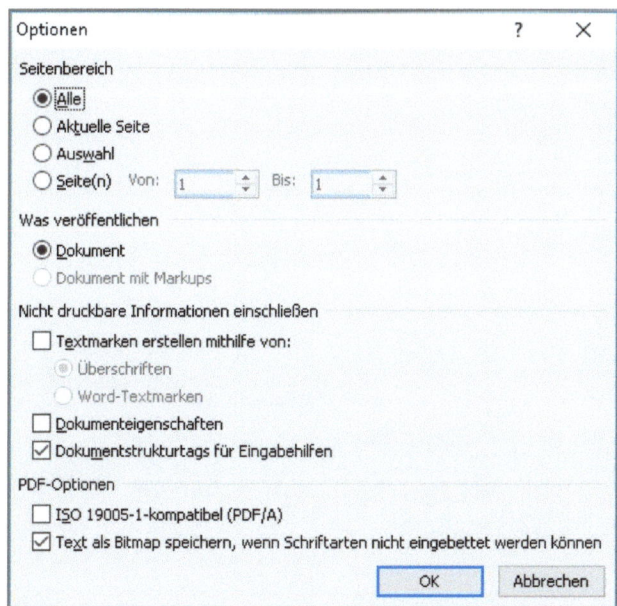

Wählen Sie aus der Liste der Datei-Formate „PDF" aus. Klicken Sie auf den Button „Optionen". Setzen Sie dort das Häkchen bei „Dokumentstrukturtags für Eingabehilfen". Bestätigen Sie mit „OK" und speichern Sie das Dokument ab. Die Optionen erscheinen erst, nachdem Sie PDF als Datei-Format ausgewählt haben.

Hinweis: Normalerweise ist das Häkchen standardmäßig gesetzt. Dennoch sollten Sie das immer überprüfen. Das Häkchen muss extra gesetzt werden, wenn Sie die Option zum Optimieren der Dateigröße setzen.

Zusammenarbeit an Dokumenten

Für Blinde und Sehbehinderte sind die Funktionen zur gemeinsamen Dokument-Bearbeitung bzw. zur Nachverfolgung von Änderungen und Kommentierung grundsätzlich zugänglich. Verwenden Sie auch hier die Funktionen, die Ihnen Office von Haus aus anbietet.

Viele Blinde können mit Kommentaren besser arbeiten als mit der Funktion „Änderungen verfolgen". Änderungen verfolgen gibt zu viele Informationen aus, die sich schlecht akustisch bzw. über Braille erfassen lassen.

Geht es um einen einzelnen Kollegen, fragen Sie ihn, ob er mit „Änderungen verfolgen" oder mit der Kommentar-Funktion besser zurechtkommt.

Leider gilt auch hier, dass die Kommentare in PDF-Dokumenten aktuell nicht gut mit Screenreadern gelesen werden können. Für diesen Zweck ist Office das Format der Wahl.

Text-Design

In diesem Abschnitt möchte ich mich mit einer möglichst barrierefreien Text-Gestaltung beschäftigen. Lassen Sie mich vorneweg sagen, dass hier noch nicht das letzte Wort gesprochen ist. Die Lesbarkeits-Forschung scheint jetzt erst richtig in Gang zu kommen.

Generell gelten drei Grundsätze:

- Die gängigen Gestaltungsgesetze gelten auch für barrierefreie Publikationen.
- Publikationen werden nicht für eine Gruppe (zum Beispiel Sehbehinderte) hin optimiert, es sei denn, die Publikation ist vor allem oder ausschließlich für diese Gruppe bestimmt.
- Das Layout der Publikation muss immer zur Zielgruppe passen. Eine Publikation für Kinder sollte also nicht in schwarz-weiß gestaltet sein. Eine barrierefreie Gestaltung ist nicht sinnvoll, wenn die Publikation von der Zielgruppe – ob behindert oder nicht – nicht akzeptiert wird.

Behalten Sie bitte im Hinterkopf, dass wir hier generell über Menschen sprechen, die Probleme mit dem Lesen haben und wahrscheinlich keine lese-erfahrenen Personen sind. Eine ansprechende Gestaltung ist sinnvoll, weil ein unästhetisches Dokument vielleicht schon deshalb nicht gelesen wird. Das bringt aber nichts, wenn ein Dokument wegen einer ästhetisch ansprechenden, aber schlecht lesbaren Schrift nicht gelesen wird.

Als Viel-Lesende können wir solche Probleme kompensieren. Das sollte aber nicht unser Anspruch sein, wenn wir Dokumente für eine möglichst breite Zielgruppe erstellen oder Wenig-Leser erreichen wollen. Die Kritik an der Arial mag aus handwerklicher oder Marketing-Sicht berechtigt sein. Aber hätte sie sich wirklich so lange gehalten, wenn sie nicht gut lesbar wäre? Wir sehen hier wieder den Gap, über den ich in der Einleitung gesprochen habe: Die Gestaltenden sind häufig nicht identisch mit den Nutzenden. Viele Angebote würden anders aussehen, wenn diese Gruppen sich stärker überschneiden oder austauschen würden.

Auch wenn es manchmal so klingt: Es ist nicht das Ziel, dass alle Publikationen gleich aussehen. Im Gegenteil: Bei der leichten Sprache war es lange Zeit üblich, dass alle Publikationen gleich aussahen, was Design und Typographie anging. Mittlerweile zeigen Studien, dass das unterschiedliche Design die Lektüre erleichtern kann.

Es geht mir darum, dass Sie ein Bewusstsein dafür entwickeln, wo die Probleme liegen können und das Ästhetik wenig wert ist, wenn sie die Nutzungs-Qualität verschlechtert. Ein einfaches Beispiel dafür ist, wie mehrfach im Buch angesprochen, dass wir die Logik von Print nicht 1:1 auf Digital übertragen können. Dieses Kapitel soll Sie in die Lage versetzen, eine informierte Entscheidung für die Lesbarkeit fällen zu können.

Zielgruppen für barrierefreies Design

Grundsätzlich gehe ich davon aus, dass alle Lesenden von barrierefreien Publikationen profitieren. Insbesondere ältere Menschen sind eine heterogene Gruppe, die mit zahlreichen Problemen beim Sehen, Lesen und Kurzzeit-Gedächtnis zu kämpfen hat. Diese Gruppe nutzt gerne gedruckte Publikationen und weiß relativ wenig über Anpassungs-Möglichkeiten und Hilfen bei digitalen Geräten.

Wir haben darüber hinaus drei besondere Bedürfnisgruppen, wenn es um barrierefreies Design geht.

Die Gruppe Sehen hat Einschränkungen beim Sehvermögen. Die drei wichtigen Faktoren dabei sind Sehschärfe/Größe von Elementen, Farben und Kontrast.

Die Gruppe Lesen hat Schwierigkeiten, Texte in exotischen Formaten zu lesen. Das sind ungewohnte Schriftarten oder der Einsatz mehrerer Schriftarten in einem Dokument. Dazu gehören aber auch schwer lesbare Formatierungen wie Unterstreichung oder farbiger Text.

Die Gruppe Verstehen ergibt sich vor allem aus Personen, die ein geringes Lese-Verständnis haben: Menschen mit geringen Deutsch-Kenntnissen, mit geringer Lese-Erfahrung oder geringem Bildungsgrad. Sie sind nicht unbedingt auf technische Barrierefreiheit angewiesen, profitieren aber von einer einfachen Gestaltung gemäß unserer Vorgabe, den kognitiven Load nicht durch komplexe Lese-Anforderungen zu erhöhen.

Die genannten Gruppen profitieren von einigen Faktoren:

- gute visuelle Lesbarkeit
- Gestaltung nach Rastern
- Ablenkungsfreiheit
- Anpassbarkeit
- automatische Vorlesbarkeit

In einigen Punkten können sich die Anforderungen aber auch widersprechen. Zum Beispiel sind die Schriftarten, die für einige Menschen mit Lernstörung empfohlen werden wie die Open Dyslectic für Sehbehinderte eher nicht geeignet.

Grundsätzlich gibt es unterschiedliche Hilfsmittel für die einzelnen Gruppen. Sehbehinderte arbeiten mit analogen Lupen oder digitalen Vergrößerungshilfen wie Kamerasystemen bei Print. Am Computer gibt es verschiedene Einstellungen für Farbe und Kontrast sowie die Bildschirm-Lupe als Zoom-Hilfe.

Lesebehinderte Personen können gedruckte Texte nicht so gut anpassen. Für sie gibt es zum Beispiel Folien, um den Kontrast zu reduzieren. Am Computer können sie ebenfalls Text an ihre Bedürfnisse anpassen oder sich mit speziellen Tools vorlesen lassen. Dabei wird zum Beispiel das aktuell vorgelesene Wort hervorgehoben.

Bei digitalen Texten sind für alle genannten Gruppen zwei Aspekte entscheidend:

- Respektiere die Nutzer-Einstellungen: Es sollte möglich sein, Schriften, Text-Größe, Abstände, Text-Breite und so weiter anzupassen, ohne dass es sich negativ auf den Text auswirkt. Das ist bei PDF leider nach wie vor nicht der Fall.
- Die Vorlesbarkeit von Texten erfordert, dass Texte linearisiert werden können. Es sollten dabei keine störenden Elemente wie Werbung oder andere Inhalte innerhalb des Textes sein.

Die Rolle der Standards

Es gibt aktuell leider keine Standards für barrierefreie Text-Gestaltung. Es gibt einige adaptierbare Standards aus anderen Bereichen, die sich teilweise aber nur auf einzelne Gruppen wie Sehbehinderte beziehen.

Dazu gehört die DIN 32975 - Gestaltung visueller Informationen im öffentlichen Raum zur barrierefreien Nutzung. Sie sind nur eingeschränkt auf unser Thema anwendbar. Deshalb konzentrieren wir uns auf die WCAG.

Aus den Web Content Accessibility Guidelines (WCAG) gibt es relativ wenige strenge Vorgaben zur visuellen Textgestaltung. Das liegt daran, dass es relativ schwer nachzuweisen ist, dass Text X lesbarer ist als Text Y. Bei digitalen Texten gibt es zu viele Parameter, die Einfluss haben können.

Es ist aber auch so, dass sich die Anforderungen unterschiedlicher Gruppen widersprechen können. Für eine Person mit Dyslexie mag eine bestimmte Textformatierung hilfreich sein, die für einen Sehbehinderten völlig unpassend ist. Bei Sehbehinderung X kann ein bestimmtes Schriftbild besser sein als bei Sehbehinderung Y. Die WCAG 2.x fordert, dass jede Anforderung auf Erfolg überprüfbar sein muss. Das ist für viele Konventionen guter Gestaltung nicht möglich. Wenn ein Aspekt der Gestaltung alle Menschen betrifft, ist es Nutzerfreundlichkeit und nicht Barrierefreiheit.

Deswegen sind digitale Texte optimal, da sie besser individuell angepasst werden können. Meine generelle Empfehlung lautet: Richtet sich der Text nicht an eine bestimmte Personengruppe, sollten möglichst keine speziellen Schriftarten oder Formatierungen eingesetzt werden. Besonders wichtig ist hier die Anpassbarkeit: An unterschiedliche Bildschirme, unterschiedliche Default- und Nutzer-Einstellungen.

Die folgenden WCAG-Erfolgskriterien sind auf Text anwendbar.

Guideline 1.4 Distinguishable

Diese Richtlinie soll vor allem sicherstellen, dass Inhalte wahrnehmbar und unterscheidbar sind. Darunter sind verschiedene Anforderungen zusammengefasst.

1.4.4 Resize Text Level AA

Text soll um 200 Prozent vergrößerbar sein, ohne unscharf oder durch sich überlagernde Inhalte unlesbar zu werden.

1.4.5 Images of Text Level AA

Text soll nicht als Bild eingebunden werden. Sowohl bei Print als auch bei Digital-Inhalten wird in Rastergrafiken enthaltener Text bei Vergrößerung schnell unscharf.

1.4.8 Visual Presentation Level AAA

Auf dieser höchsten Stufe werden einige Anforderungen an Text gestellt. Zum Beispiel sollen die Farben durch den Nutzenden bestimmt werden können, die Spalten sollen besonders schmal sein und so weiter. In der Praxis werden diese Anforderungen selten erfüllt.

1.4.10: Reflow

Text soll bei Vergrößerung umfließen. Das heißt, Text soll zu einem gewissen Grad gezoomt werden können, ohne dass der Text unlesbar wird oder andere Elemente überlagert.

Anders als im digitalen Bereich gibt es für barrierefreie Druck-Erzeugnisse keine harten Richtlinien zur Barrierefreiheit. Hier lassen sich nur allgemeine Aspekte feststellen, die zur Erkennbarkeit und Lesbarkeit beitragen. Wo möglich würde ich hier ebenfalls auf die Richtlinien der WCAG zurückgreifen.

Vorsicht ist geboten bei Empfehlungen bestimmter Interessens-Verbände: Sie haben in erster Linie die eigene Peer Group im Blick. Auch sollte man sich, wie immer bei der Barrierefreiheit, nicht auf die Aussagen einer Einzelperson verlassen, wenn sie nicht geschult ist. Die Gefahr ist zu groß, dass hier der persönliche Geschmack durchschlägt.

Das heißt, Sie können gerne mit Betroffenen testen oder Feedback einholen, im Endeffekt geht es aber darum, unterschiedliche Anforderungen im Auge zu behalten und unter einen Hut zu bringen.

Gängige Gestaltungsmuster haben einen Vorteil: In der Regel haben sie sich sehr lange bewährt und das meistens nicht ohne Grund. So setzen professionelle Magazine auf ein Gestaltungsraster und verteilen Inhalte nicht kunterbunt auf einer Seite. Das erleichtert die Orientierung zum Beispiel auf großen Zeitungsblättern.

Eine gute Orientierung in Texten ist für alle Gruppen wichtig. Dabei helfen die Gestaltungs-Raster sowie die Gesetze guter Gestaltung.

Sowohl die Ästhetik als auch die Lesbarkeit hängen entscheidend von der Typographie ab. Typographie befasst sich mit der ästhetischen Textgestaltung. Es gibt eine DIN-Norm für sehbehinderten-gerechte Schriften, die DIN 1450. Schriften mit dem Zusatz 1450 sind für diese DIN optimiert. Bisher scheint es aber außer der Frutiger 1450 keine solche Schrift zu geben.

Die Lesbarkeit eines Textes hängt von verschiedenen Aspekten der Typographie ab:

- die verwendeten Schriften und die Schriftgrößen
- Abstände von Buchstaben, Worten, Zeilen und Absätzen
- Schriftfarbe und Hintergrundfarbe

Schriften und Schrift-Gestaltung

Im Wesentlichen werden Schriften nach zwei Familien unterschieden: die Serifenschriften haben Verzierungen an den Buchstaben. Serifenfreie Schriften haben keine solchen Verzierungen und wirken dadurch klarer, aber oft auch langweiliger. Daneben gibt es noch die Monotype-Schriftarten als spezielle Variante. Dort nimmt jeder Buchstabe die gleiche Breite ein. Bekannte Varianten sind Courier oder Lucida. Diese Schriften werden vor allem für Computer-Code oder in Konsolen-Anwendungen verwendet. Sie sind häufig für Sehbehinderte schlecht lesbar und sollten deshalb nicht für konventionellen Text verwendet werden.

Für den Druckbereich, insbesondere für Belletristik und Magazine werden Serifenschriften bevorzugt eingesetzt. Im Computerbereich und für Sachtexte werden hingegen serifenfreie Schriften bevorzugt. Das liegt auch daran, dass das Schriftbild im Druck eine höhere Auflösung als am Bildschirm hat. Die Buchstaben können also im gedruckten Bereich wesentlich leichter erkannt werden. In Zukunft wird sich dies wahrscheinlich durch bessere Darstellungs-Technik bei eBook-Readern und selbstleuchtenden Bildschirmen ändern. Die Auflösung vieler hochpreisiger Smartphones und Tablets ist heute bereits recht hoch. Premium-eBook-Reader auf eInk-Basis erreichen bereits eine ähnliche Auflösung wie gedruckte Texte.

Für praktisch jeden denkbaren Einsatzbereich gibt es eigens entwickelte Schriften. Es gibt spezielle Schriften für Anzeigetafeln, für Straßenschilder, für tragbare Geräte und vieles mehr.

Es mag zunächst überraschend sein, aber die Lesbarkeit einer Schrift hängt weniger davon ab, welche Schriftart eingesetzt wird als davon, wie vertraut die Leserin mit einer bestimmten Schrift ist. Die Nutzerinnen von Word arbeiten sehr häufig mit Calibri oder Arial, deswegen sind beide Schriftarten weit verbreitet und gelten als gut lesbar. Arial und Calibri zeichnen sich durch einfache Gestaltung der Zeichen-Linien aus. Dennoch wird auch die Arial kritisiert, weil zum Beispiel das große I und das kleine l sich relativ ähnlichsehen.

Die Forschung konnte bisher nicht bestätigen, dass Serifenfreie Schriften generell besser lesbar sind als Serifenschriften. Es kommt weniger auf die Schriftfamilie als auf die konkrete Schrift an. Außerdem gibt es auch innerhalb der Schrift-Familien große Unterschiede. Es spricht aber vielleicht für sich, dass Serifenschriften in der Gestaltung digitaler Benutzer-Oberflächen und im Web praktisch kaum eine Rolle spielen.

Ästhetik und Lesbarkeit können sich nicht nur ergänzen, sondern auch widersprechen. Viele Zeitungen setzen den Zeitungsnamen in Fraktal Schrift. Sie kämen aber nicht auf die Idee, längere Texte in dieser Schrift zu setzen, weil das niemand lesen würde. Aus dem gleichen Grund werden immer seltener Texte in Schreibschrift geschrieben, wenn sie nicht gerade für persönliche Belange gedacht sind. Schreibschrift kann ästhetisch sehr ansprechend sein, weil wir aber nicht mehr daran gewöhnt sind, unterschiedliche Schreibschriften unterschiedlicher Personen zu lesen, fällt es schwer, längere Texte in Schreibschrift zu lesen.

Für die Lesbarkeit am Bildschirm sollten gängige Schriften verwendet werden. Serifenschriften sind bei gleicher Punktgröße kleiner als serifenfreie Schriften. Die Times New Roman nimmt bei gleichem Schriftgrad rund zehn Prozent weniger Platz ein als die Arial. Je mehr Serifen eine Schrift hat, umso größer sollte der Schriftgrad sein.

Als schlecht lesbar können Schriften gelten, deren Zeichen:

- dünne Buchstabenlinien haben wie die Times New Roman
- viele Verzierungen haben
- die Buchstabenlinien ihre Stärke innerhalb eines Zeichens verändern, häufig erkennbar am M oder W
- die Buchstaben sehr breit oder schmal sind, zum Beispiel bei speziellen Schnitten wie der Arial Narrow

Als Referenz können gängige Schriften wie Source Sans oder Helvetika gelten. Das heißt, Schriften, die diesen sehr nahe sind, können gut gelesen werden.

Eine gute Gestaltung kann zum Verstehen des Textes beitragen bzw. erhöht sie auch die Motivation, einen Text zu lesen. Früher wurde etwa für die Leichte Sprache eine einheitliche Gestaltung empfohlen. In den letzten Jahren ist man von diesem Paradigma abgerückt. Es hilft offenbar nicht weiter, wenn die Nachrichten-Website genauso aussieht wie das Gesundheits-Portal.

Generell sollte es der Leserin überlassen bleiben, den Text an Ihre Bedürfnisse anzupassen. Man wird es nie allen Leserinnen recht machen können.

Es gibt keine barrierefreie Schriftart. Das liegt daran, dass die Anforderungen in einzelnen Gruppen und sogar bei einzelnen Personen einer Gruppe wie Sehbehinderte zu unterschiedlich sind. Vergleicht man einige Schriften wie etwa Arial oder Times New Roman, scheint Arial unter gleichen Bedingungen besser lesbar zu sein. Aber die Umstände sind eben nicht gleich: Schriftfarbe, Größe, Hintergrund und Schriftstellung können unterschiedlich sein. Es kann dann nicht gesagt werden, dass Schrift A unter allen Umständen besser ist als Schrift B.

Es gibt Schriftarten, die für bestimmte Zielgruppen wie Personen mit Dyslexie oder Sehbehinderung optimiert wurden. Das heißt aber nicht, dass diese Schriften auch für Personen ohne Dyslexie oder Sehbehinderung gut oder angenehm zu lesen sind.

Oft fehlt auch die Evidenz bei solchen speziellen Schriftarten. Sie wurden mit zu wenigen Personen getestet. Eine Schriftart ist außerdem nicht automatisch besser lesbar, weil sie dem Lesenden besser gefällt. Geschmacks-Urteile sind immer subjektiv: Nur durch die Messung der Lese-Geschwindigkeit und des Text-Verständnisses sind objektive Urteile möglich.

Als spezielle Schriftarten für lese-behinderte Personen werden unter anderem die Open Dyslectic, die Atkinson Hyperlegible oder Semikolon Plus als besonders lesbar empfohlen. Da spezielle Schriftarten teils recht teuer sind, empfehle ich, auf gängige Schriftarten wie Source Sans, Arial oder Calibri bzw. auf Schriften zu setzen, die diesen recht ähnlich sind. Wie oben gesagt kommt es nicht so sehr auf die eingesetzte Schrift an, sondern auf die Lese-Erfahrung mit der Schriftart. Bei exotischen Schriften ist außerdem nicht immer sichergestellt, dass sie auch auf dem Endgerät der Nutzerin vorhanden sind.

Schauen Sie auch gerne nach, ob für eine spezielle Schrift tatsächlich auch empirische Nachweise zu deren Qualität vorliegen. Es ist zum Beispiel sehr schwierig, eine gut lesbare Schrift für zwei Personen mit unterschiedlichen Sehbehinderungen zu finden. Für die eine Sehbehinderung kann Schriftart X gut lesbar sein, für die andere kann diese Schrift schlecht lesbar sein.

Das gilt auch, wenn diese Schriften in Zusammenarbeit mit den jeweiligen Zielgruppen entwickelt wurden. Naturgemäß sind die Testgruppen relativ klein. Je größer die Testgruppe wird, desto uneindeutiger dürften die Ergebnisse sein, weil sich selbst innerhalb bestimmter Diagnosen wie Dyslexie die Bedürfnisse stark unterscheiden können.

Auch wenn die Helvetica bzw. die daraus abgeleitete Arial einige Schwächen hat, ist sie meines Erachtens nach wie vor der Referenz-Rahmen für barrierefreie Schriften. Weicht eine Schrift stark von der Arial ab, ist sie wahrscheinlich für viele Leute schlecht lesbar. An dieser Stelle müssen wir es den Leserinnen überlassen, in ihren Lese-Werkzeugen diese speziellen Schriften einzubauen, wenn sie davon profitieren. Die ultimative barrierefreie Schriftart per se kann es nicht geben, weil dafür die Bedarfe der einzelnen Gruppen zu unterschiedlich sind.

Auch andere Schriftarten, die sich als barrierefrei oder inklusiv bezeichnen können nicht jede Person überzeugen. Sie mögen in speziellen Kontexten sinnvoll sein, am Ende muss eine Schriftart aber für die Allgemeinheit funktionieren, wenn sich das Schriftstück an die Allgemeinheit wendet. Haben Sie hingegen eine spezielle Zielgruppe, kann es bei ausreichender Evidenz sinnvoll sein, eine für diese Gruppe optimierte oder gut geeignete Schrift zu verwenden.

Bei Webseiten spielt die eingesetzte Schriftart für die Barrierefreiheit eine untergeordnete Rolle. Durch Lese-Werkzeuge kann diese Schriftart ersetzt werden. Im gedruckten Bereich sowie bei PDF ist das schwieriger. Deshalb sollte auch hier eine möglichst gut lesbare Schrift verwendet werden. Ich tendiere wie oben gesagt eher zu den Mainstream-Schriftarten und weniger zu speziellen barrierefreien Schriften.

Als Mindest-Schriftgröße liest man in verschiedenen Ratgebern zu User Experience 16 Pixel = 12 pt für Fließtext. Generell ist allerdings wichtig, dass Text gesehen wird, er sollte also bei der kleinsten Schriftgröße noch gut zu erkennen sein. Weiterhin wichtig ist, dass die Schrift sich lesen lässt, ohne dass sich Elemente überlagern, das kann bei Zoom sehr schnell passieren.

Word hat aktuell 11 pt als minimale Schriftgröße für Fließtext. Meines Erachtens ist das auch die Untergrenze, Kleingedrucktes sollte nicht kleiner als 10 pt sein, so meine persönliche Empfehlung. Das gilt für serifenfreie Schriften mit klaren Linien wie Calibri oder Arial. Wie oben gesagt: Je komplexer die Schriftgestaltung, desto höher der minimale Schriftgrad.

Als Faustregel, auch dafür gibt es keine feste Regel, würde ich eine maximale Schriftgröße von 20 pt empfehlen. Wir hätten damit eine Spannweite von 100 Prozent Unterschied zwischen der kleinsten und der größten Schriftgröße. Das gilt wie gesagt für Text in Dokumenten und auf Webseiten. Für Präsentationen, Flyer und Plakate gelten andere Anforderungen.

Abraten möchte ich von großer Dynamik, also der Kombination sehr großer und sehr kleiner Schriftgrößen. Sehbehinderte sind dadurch ständig gezwungen, das Auge bzw. den Zoomfaktor anzupassen.

Hinweis: Es ist richtig, dass Menschen die Schriftart im Browser selbst einstellen oder Text zoomen können. Das heißt aber nicht, dass alle wissen, wie das geht oder dass sie auch bereit sind, das zu tun. Denken Sie an Ihr eigenes Verhalten: Ist Ihre Motivation immer groß, ein schlecht lesbares Dokument zu nutzen, wenn Sie nicht unbedingt müssen?

Textfluss und Silbentrennung

Der Text sollte immer linksbündig und im Flattersatz gesetzt werden. Der Blocksatz hat sich nur für mehrspaltige Texte bewährt, hinterlässt aber bei fehlender Silbentrennung unschöne Lücken im Text. Schwerer wiegt, dass im Flattersatz die unterschiedlichen Zeilenlängen dem Auge zusätzliche Orientierungspunkte bieten. Der Blocksatz sieht zu gleichmäßig aus und erschwert damit die Orientierung. Das ist vor allem relevant, wenn man eine breite Textspalte hat. Bei schmalen Spalten verliert man weniger schnell die Orientierung.

Durch den linksbündigen Text wird für Sehbehinderte die Orientierung erleichtert, weil auf der linken Seite eine imaginäre Linie, die visuelle Achse, entsteht. Hat man einen zentrierten Text und benutzt eine Bildschirmvergrößerung, hat man Probleme, den Beginn der Zeile zu finden.

Gerade bei großen Displays oder starker Vergrößerung und schmalen Spalten kann es passieren, dass zentrierte oder rechtsbündige Inhalte übersehen werden.

Die manuelle Silbentrennung ist für digitale Texte nicht sinnvoll, weil sie das Überfliegen des Textes erschwert. Für langsame Leser und Nutzende von Sprachausgaben ergibt sich das Problem, dass lange Wörter schwerer zu lesen sind. Der Leser muss sich den Anfang des Wortes merken, zum Anfang der nächsten Zeile springen, das Wort zusammensetzen und wiederum im Gesamtkontext des Satzes setzen. Der geringe Vorteil der Silbentrennung besteht darin, dass die Lücken im Blocksatz vermieden werden, aber den wollen wir – wie gesagt – ohnehin vermeiden. Aus Sicht der besseren Lesbarkeit ist der Bindestrich bei langen zusammengesetzten Wörtern von Vorteil. Er erleichtert das Erfassen langer Wörter. Der Vorteil ist außerdem, dass die Wörter beim Bindestrich auch automatisch korrekt getrennt werden können. Setzen Sie ansonsten entweder auf die automatische Silbentrennung oder auf den bedingten Trennstrich.

Empfohlen wird eine Zeilenlänge von maximal 80 Zeichen. Der Text sollte nicht den gesamten Bildschirm einnehmen und die Zeilen sollten nicht zu lang werden. Je länger die Zeilen sind, desto schwieriger ist es für das Auge, den Beginn der nächsten Zeile zu finden. Bei zu kurzen Zeilen hingegen muss das Auge zu oft hin und her bewegt werden.

Abstände

Die Abstände für Buchstaben, Wörter, Zeilen und Absätze sollten dem Standard entsprechen. Zu enge Buchstaben etwa als graphischer Effekt verschlechtern die Lesbarkeit ebenso wie zu weit gesetzte Buchstaben. Bei einigen Personen mit Lese-Problemen sollen größere Zeichen-Abstände von Vorteil sein. Für die Mehrheit der Lesenden dürfte das aber nicht gelten, deshalb sollte es dieser Gruppe überlassen bleiben, die für sie optimalen Abstände in ihrem bevorzugten Lese-Programm einzustellen.

Absätze sollten nicht zu lang werden. Lange Absätze verraten oft, dass sich der Schreibende keine Gedanken zu einer sauberen Gliederung gemacht hat. Mehr als drei oder vier mittellange Sätze sollte ein Absatz nicht umfassen.
Dasselbe gilt dann auch für Textabschnitte. Lange Texte sollten durch Zwischenüberschriften angeteasert oder zusammengefasst werden.

Konkrete Vorgaben gibt es in der WCAG 2.1 unter 1.4.4 Resize text (AA). Text soll ohne assistive Technologien und Informations-Verlust auf 200 Prozent vergrößerbar sein.

Sonderformatierung und Hervorhebungen

Mit Sonderformatierungen ist immer sparsam umzugehen. Kursiv-Stellung, Versalien (GROSSBUCHSTABEN), Unterstreichung und Schmuckschriftarten verschlechtern in jedem Fall die Lesbarkeit. Vielen Sehbehinderten und allen Blinden entgehen Hervorhebungen durch gefetteten Text.

Visuelle Hervorhebungen sind durch ein weiteres, nicht rein visuelles Merkmal zu ergänzen. Beispielsweise kann das Wort „Wichtig" vorangestellt werden.

Harte Vorgaben für Textabstände gibt es in der WCAG 2.1 unter 1.4.8 Visual Presentation. Diese Anforderung muss aber nur auf der höchsten Stufe der Barrierefreiheit erfüllt werden.

Schriftgrafiken

Ebenfalls zu vermeiden sind Schriftgrafiken in digitalen Texten, also längerer Text, der in ein Bild eingebettet ist. Solche Texte werden bei Vergrößerung unscharf, sie sind außerdem für Blinde gar nicht lesbar und werden außerdem oft bei großen Bildschirmen verzerrt, auf kleinen Displays sind sie hingegen gar nicht lesbar, weil die Grafiken zu klein dargestellt werden.

Müssen Sie aus irgendeinem Grund Schriftgrafiken verwenden, sollten Sie auf Vektorgrafik-Formate wie SVG setzen. Bei Rasterformaten wie JPG, PNG oder WEBP entsteht das oben genannte Problem der Pixeligkeit bei Vergrößerung.

Farben und Kontrast

In diesem Abschnitt geht es um den Einsatz von Farben sowie um die Vorgaben für den Kontrast. Die Angaben gelten für Text sowie für Informationsgrafiken.

Jede andere Kombination als Schwarz auf Weiß verschlechtert den Kontrast. Es mag Leute geben, für die andere Kombinationen besser sind. Tatsächlich ist es aber eher schwierig für den Textgestalter, für alle individuellen Sehschwächen sinnvolle Farbkombinationen bereit zu stellen. Hier ist der Nutzende gefragt, der sich seine bevorzugten Farben auf seinem Computer einstellen kann. Der Gestalter sollte sich vor allem darum kümmern, dass Anpassungen der Farben nicht dazu führen, dass der Text unlesbar wird, etwa wegen eines Hintergrundbildes. Bei Fließtext sollten generell Hintergrundbilder oder Farbeffekte wie Farbverläufe vermieden werden.

In einigen Ländern gibt es die Tradition, keinen rein weißen Hintergrund für Präsentationen zu verwenden, weil diese Hintergründe zu stark blenden. Stattdessen wird der Hintergrund leicht grau.

Für den Einsatz von Farben gilt grundsätzlich, dass Farbe nicht als einziges Merkmal der Kommunikation verwendet werden darf. Das kann einfach in einer Graustufen-Ansicht getestet werden. Oft finden wir etwa Links, die nur über ihre Farbe als solche kenntlich sind. Oft werden auch besonders wichtige Informationen nur über Farbe hervorgehoben, zum Beispiel „Achten Sie auf die roten Markierungen".

Weiterhin gilt, dass bestimmte Farben etwa in einer Infografik nicht unmittelbar nebeneinander verwendet werden sollten. Das sind rot und grün sowie blau und gelb – sie können von Farbenblinden eventuell nicht unterschieden werden. Zudem gilt, dass zwei helle bzw. zwei dunkle Farben nicht unmittelbar nebeneinander verwendet werden sollten, weil sonst die Gefahr besteht, dass die Abgrenzung nicht erkannt wird.

Für Kontraste gibt es bei digitalen Texten Mindest-Vorgaben. Das sind auf Stufe AA der WCAG 2.1 4,5:1 für normalen und 3:1 für großen Text. Als großer Text ist 18 pt bzw. 24 px oder größer bzw. 14 pt fett definiert. Auf der Stufe AAA der WCAG ist ein Mindest-Kontrast von 7:1 gefordert. Ob Sie diese Kontraste erfüllen, können Sie über Kontrastrechner im Internet prüfen.

Tabellen

Befindet sich Text zu nahe an Begrenzungslinien, verschmilzt er für Sehbehinderte gerne mal mit diesen Linien und ist dadurch schlecht lesbar. Deshalb empfehle ich auch, Unterstreichung außer bei Links nicht zu verwenden.

Innerhalb von Tabellen sollte Text ausreichend Abstand zu den Begrenzungslinien der Zelle haben. Die Standardwerte der Text-Verarbeitungen scheinen mir hierfür in Ordnung zu sein. Generell ist es empfehlenswert, wenn Zellen-Inhalte links ausgerichtet sind, Zahlen können wegen der Vergleichbarkeit auch rechtsbündig ausgerichtet werden. Insgesamt ist es empfehlenswert, nicht zu viel „Luft" in den Zellen zu lassen, also zu viel leeren Raum. Stattdessen sollten die Zellgrößen möglichst an den Inhalt optimiert werden.

Für umfangreiche Tabellen ist das Bändern sinnvoll. Das heißt, dass Tabellen oder Spalten unterschiedlich dargestellt werden. Die erste weiß, die zweite grau, die dritte weiß, die vierte grau und so weiter. Dadurch fallen die Unterscheidung der Zeilen und deren Zuordnung zu Spalten- und Zeilenköpfen leichter. Achten Sie dabei aber auch auf den Mindest-Kontrast.

Gehen Tabellen über mehrere Seiten, sollten die Spalten-Überschriften auf jeder Seite wiederholt werden. Das erleichtert das Erschließen umfangreicher Tabellen.

Empfehlungen für Druck

Gedruckte Inhalte sind nicht Schwerpunkt des Buches. Dennoch möchte ich Ihnen einige Empfehlungen für Print mitgeben. Generell gelten die oben gemachten Empfehlungen zur Text-Gestaltung für Print und Digital gleichermaßen. Kommen wir also zu den print-spezifischen Aspekten.

Für das Papier würde ich nicht strahlend weiß empfehlen, weil es das Licht stark reflektiert. Creme-weißes Papier ist in der Regel augenfreundlicher. Auch modernes Recyclingpapier ist in Ordnung. Von dem stark gelb-grauen Recyclingpapier würde ich eher abraten, weil es sich negativ auf den Kontrast auswirkt.

Sehbehinderte arbeiten häufig mit Kamerasystemen, sogenannten Bildschirm-Lesegeräten oder analogen bzw. elektronischen Lupen. Für die Vergrößerbarkeit ist es von Vorteil, wenn gedruckte Unterlagen flach aufliegen. Dicke Bücher haben eine starke Wölbung, gerade an den Bindungen wird durch die Beleuchtung ein Schatten geworfen. Außerdem wird die Bindung beschädigt, wenn Bücher zu stark oder andauernd flach gedrückt werden. Manche Bücher wie günstige Taschenbücher sind für diesen Zweck gar nicht geeignet.

Augenbewegungen und kognitiven Load reduzieren

Verzichten Sie auf „Kleingedrucktes" und Fußnoten in winziger Schrift. Fußnoten sind für Sehbehinderte oder andere Lesebehinderte stets schwierig, da sie Probleme haben, sich schnell innerhalb des Textes zu bewegen. Das Kleingedruckte sollte in der Größe nicht zu stark abweichen, da Schrift bei starker elektronischer Vergrößerung wie bei Lesegeräten schnell unscharf wird. Häufige Änderung der Schriftgröße zwingt das Auge bzw. die Nutzerin von Bildschirm-Lesegeräten oder Lupen zu ständiger Anpassung der Vergrößerung.

Ausrichtung nach Rastern

Mehrspaltige Inhalte sollten immer nach Rastern ausgerichtet sein. Zeitungen zum Beispiel arbeiten mit eindeutigen Rastern, dadurch ist die Orientierung auch bei großen Zeitungen einfacher.

Die Raster werden durch Textspalten und Weißraum bzw. durch farbige Flächen oder Linien gebildet. Bilder, Teaser und Überschriften können mehrere Spalten umfassen.

Der Vorteil ist, dass für stark Sehbehinderte oder Lese-Unerfahrene die Orientierung einfacher wird. Man weiß, dass links bzw. rechts eines bestimmten Elements nichts mehrkommt, weil das Element an dieser Stelle abschließt. Bei starker Vergrößerung ist das wichtig. Wenn man hingegen weiß, dass eigentlich etwas kommen müsste, man aber nichts sieht, etwa weil es zentriert ist, kann man gezielt danach suchen. Deswegen sollten auch große leere Flächen vermieden werden: Sie erschweren die Orientierung und die Chance ist groß, dass Inhalte jenseits dieser Flächen übersehen werden.

Digitale Alternative zum gedruckten Text

Stellen Sie eine elektronische Version des Print-Mediums bereit. Viele behinderte Personen nutzen ebook-Reader oder assistive Technologien und können sich elektronische Dokumente besser zugänglich machen als Drucksachen. Das kann einfach über einen QR-Code auf der Außenseite der Publikation verlinkt werden.

Meines Erachtens sind HTML und XML-basierte Formate wie Webseiten oder ePub besser für Barrierefreiheit geeignet als starre Formate wie PDF. Zwar haben sich Lese-Programme in den letzten Jahren weiterentwickelt. Aber Anpassungen wie Reflow von Inhalten oder visuelle Umgestaltung wie Anpassung der Kontraste, der Schrift oder des Zooms sind mit PDF nur schwer umsetzbar.

HTML-Inhalte sind vorzuziehen, da praktisch jedes Anzeigegerät Webseiten anzeigen kann. PDF wird meistens für den Druck und nicht für die Lektüre am Bildschirm optimiert, das ist die Achilles-Ferse dieses Formats. Umgekehrt würden Sie nicht auf die Idee kommen, eine Webseite auszudrucken und als Broschüre zu verteilen.

Blindenschrift in gedruckten Publikationen

Derzeit spielt die Blindenschrift im Print-Bereich eine untergeordnete Rolle. Es ist sehr schwierig, Braille in einen Publikationsprozess zu integrieren. Die Druckmaschinen lassen sich nicht entsprechend anpassen.

Bis auf einige Leuchtturm-Projekte gibt es derzeit wenige Hybrid-Formate mit Blinden- und gedruckter Schrift. Blindenschrift erfordert ein anderes Druckverfahren und Papier.

Die Blindenschrift erfordert außerdem erheblich mehr Platz als der gleiche Text in Druckschrift. Last but not least bleibt das Problem des Braille-Formats. Es gibt die Vollschrift, bei der jedes Druckschriftzeichen ein Zeichen in Braille ist. Es gibt aber auch die von blinden Profis bevorzugte Kurzschrift, die viel kompakter ist, aber von vielen Blinden nicht oder nur eingeschränkt gelesen werden kann. Es ist schwierig zu entscheiden, welches Format besser ist.

Auch spielt die Blindenschrift außerhalb der Blindenschulen keine große Rolle mehr. Zum einen ist es so, dass die meisten Menschen im Erwachsenenalter erblinden und es dann sehr schwierig ist, die Blindenschrift zu erlernen. Nur eine Minderheit unter den Blinden kann die Blindenschrift flüssig lesen. Zum anderen sind Sprachausgaben allgegenwärtig und einfacher im Handling. Daneben gibt es auch Geräte, die Brailleschrift ausgeben können, die Braillezeilen. Sie können Texte dynamisch in Blindenschrift darstellen und sind dadurch flexibler als gedrucktes Braille.

Am besten ist es auch in diesem Fall, eine digitale Alternative bereitzustellen. Wenn Sie Publikationen etwa auf Veranstaltungen ausgeben, können Sie den Titel und den Herausgeber in Brailleschrift auf die Vorderseite aufdrucken lassen. QR-Codes sollten entweder ertastbar aufgedruckt oder ebenfalls mit Blindenschrift kenntlich gemacht werden.

Zwar gibt es für die Blindenschrift spezielle Dateiformate. Aber auch hier ist es so, dass Dokumente, sofern sie barrierefrei sind, automatisch in diese Formate umgewandelt werden können.

Grafiken und Bilder

In diesem Kapitel möchte ich zwei Themen behandeln. Im ersten Abschnitt geht es um die Gestaltung von Informationsgrafiken. Im zweiten Abschnitt werden wir über Bildbeschreibungen sprechen. Wie im gesamten Buch gilt auch an dieser Stelle, dass ich die häufigsten Probleme aus meiner täglichen Arbeit behandele. Man könnte allein über das Thema Bildbeschreibungen ein ganzes Buch schreiben. Auch dieses Thema entwickelt sich dynamisch weiter. Wenn Sie spezielle Use Cases haben, empfehle ich die Recherche vor allem auf den Websites US-amerikanischer Hochschulen.

Gestaltung von Informationsgrafiken

Informationsgrafiken sind ein wichtiges Element der Kommunikation und gerade in der Wissenschaft unverzichtbar. Sie können zum Beispiel für Menschen mit Lese-Problemen das Verständnis erleichtern.

Aus technischer Sicht sind Grafiken in Vektorformaten für die Erkennbarkeit besser. In Web-Dokumenten sind das vor allem SVG oder Canvas. Bei Office-Dokumenten sind dynamisch generierte oder selbst erstellte Grafiken Vektorformate, solange Sie diese bearbeiten können. Wenn Sie hingegen einen Screenshot von einer Grafik anfertigen und diesen ins Dokument einfügen, ist die Grafik ein Rasterformat.

Vektorgrafiken haben den Vorteil, dass sie sich praktisch unbegrenzt vergrößern lassen. Vektorgrafiken werden über mathematische Formeln bzw. Pfade erzeugt, während Rastergrafiken aus Pixeln bestehen. Rastergrafiken werden schnell unscharf, wenn man sie vergrößert.

Text in Grafiken

Wählen Sie für Text in Grafiken eine Schriftart, die bei Vergrößerung und Verkleinerung gut lesbar ist (zum Beispiel Arial, Calibri, Helvetika…). Serifenschriften wie Times New Roman oder Georgia verschlechtern durch die Schnörkel die visuelle Erfassbarkeit.

Verzichten Sie auf Texteffekte wie Kursivstellung sowie auf kleinere/größere Abstände der Zeichen. Horizontal verlaufender Text ist am besten zu lesen. Senkrechter oder diagonal verlaufender Text sollte möglichst vermieden werden.

Für Text in Grafiken ist schwarz auf weiß optimal. Jede andere Kombination verschlechtert die Erkennbarkeit. Vermeiden Sie bei Text in Bildern Hintergrundbilder, Farbverläufe und ähnliche Effekte.

Visuelle Gestaltung der Grafik

Ein Schaubild sollte sowohl bei Vergrößerung als auch bei Verkleinerung noch gut zu erkennen/lesbar sein. Prüfen Sie die Grafik auf einem Standard-Bildschirm mit 50 Prozent und 200 Prozent Zoom. Bieten Sie die Grafik zusätzlich in einer besseren Auflösung auf der Website an.

In Grafiken sollte eine Information nicht nur über Farbe oder Farbwechsel vermittelt werden. Kontrollieren Sie dies am besten, indem Sie sich die Grafik in Graustufen anzeigen lassen. Können alle Informationen auch ohne die Farben vermittelt werden? In der folgenden Grafik sind die farblichen Unterschiede nur noch schwer zu identifizieren.

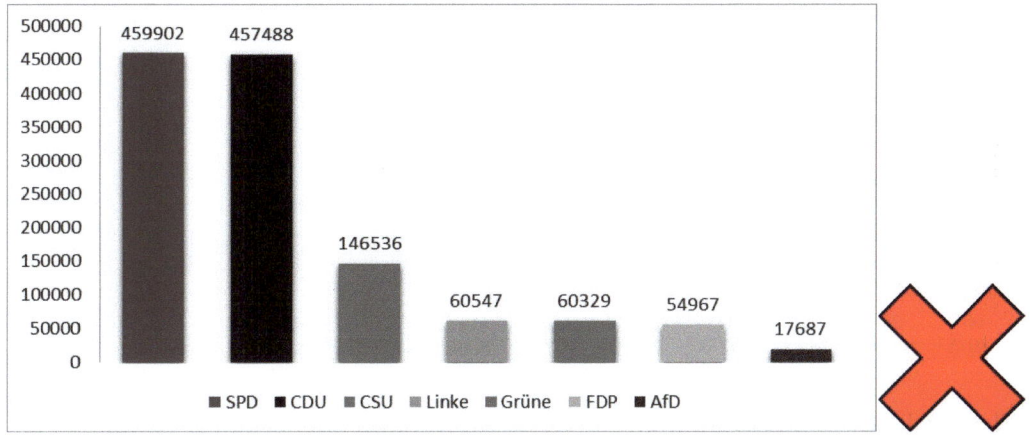

Fügen Sie deshalb stets ein zweites Merkmal wie ein Muster oder eine spezielle Formatierung hinzu.

Flächen sind leichter zu erkennen als Linien. Das bietet sich an, wenn keine Fläche hinter der anderen verschwindet.

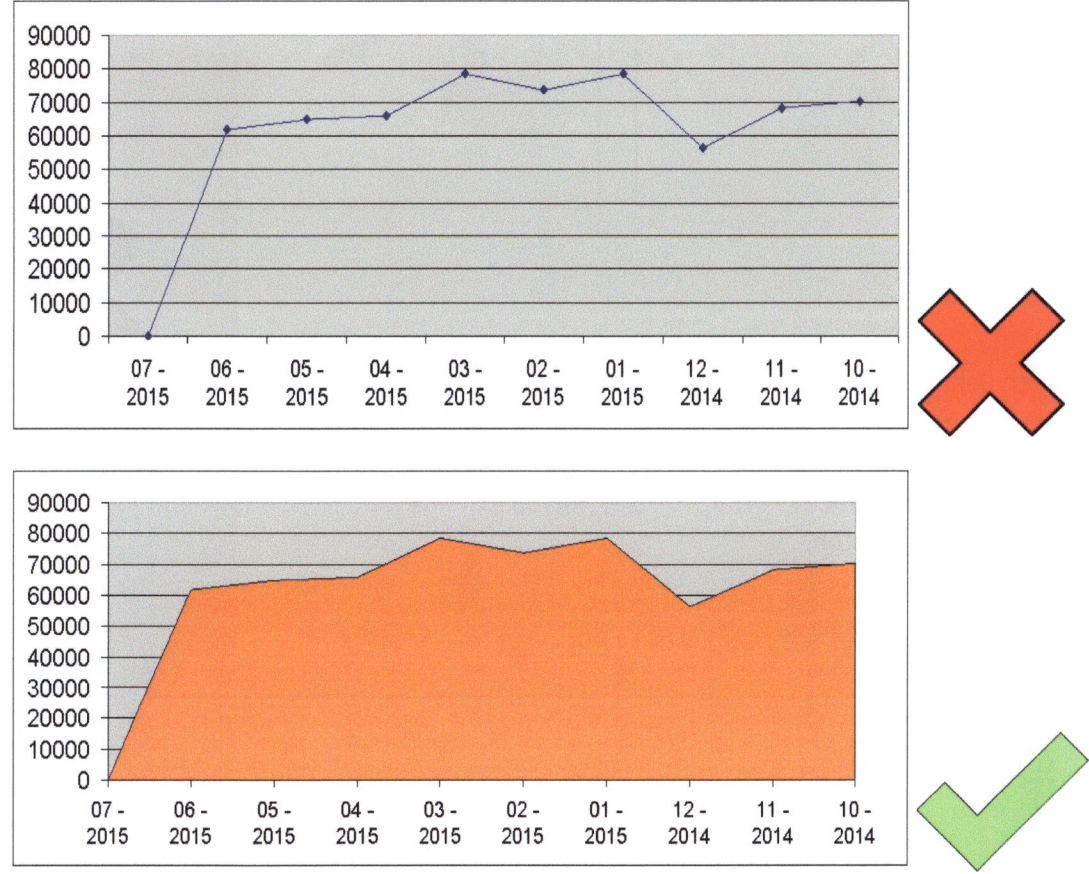

Umgang mit Effekten

Visuelle Effekte sollten vermieden werden, wenn sie nicht zur Verständlichkeit beitragen. Dazu gehören 3D-Effekte, Farbverläufe, Texteffekte wie Schatten, spezielle Fonts und Ähnliches. Es folgt ein Beispiel für eine Grafik mit einem solchen Farbverlauf:

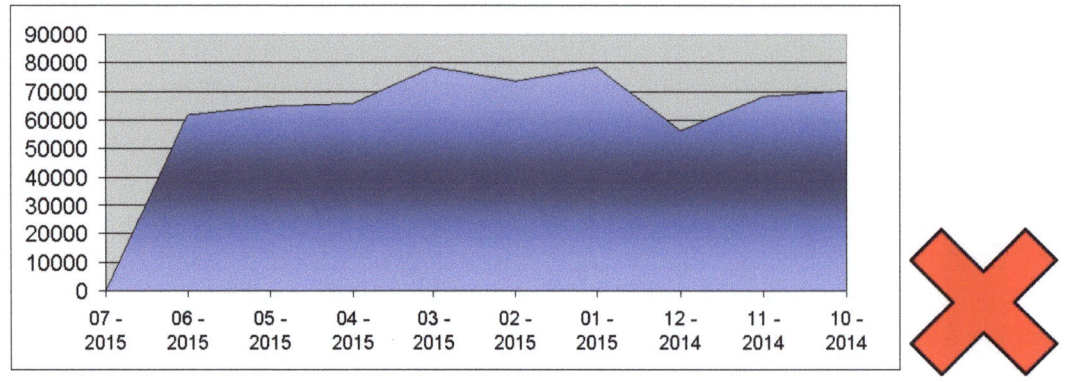

Einfache Formen (Rechteck, Kreis) und grafische Objekte (Pfeile, Linien) sind visuell leichter zu erfassen als komplexe Figuren (Würfel, Prismen).

Gerade bei starken Sehbehinderungen geht viel kognitive Leistung verloren, wenn komplexe Formen erkannt und behalten werden sollen. Aber auch für grafik-unerfahrene Menschen gilt: Sie müssen viel kognitive Leistung für das Erkennen einzelner Objekte und die Zusammenhänge aufwenden. Deswegen sind einfache Formen besser. Raster-Linien erleichtern das Erkennen von zusammengehörenden Elementen.

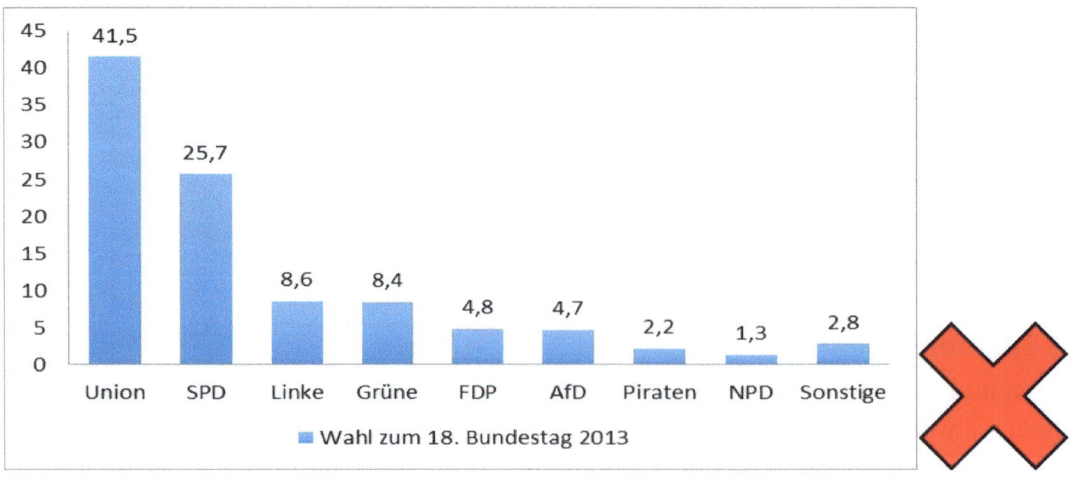

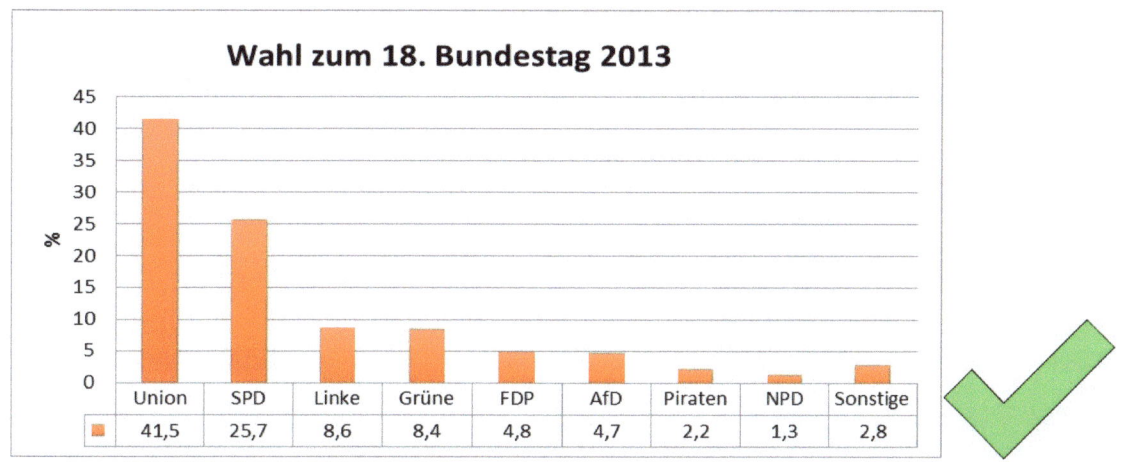

Denken Sie daran, dass es für Sehbehinderte schwierig ist, ein Diagramm als Ganzes zu erfassen. Die Rasterlinien bieten zusätzliche Orientierungspunkte und erleichtern das sequentielle Erschließen.

Sehbehinderte können eine Informationsgrafik nicht als Ganzes erfassen. Deshalb sollte die Grafik sequentiell erschließbar sein. Vermeiden Sie also komplexe verschachtelte Objekte. Beginnen Sie möglichst oben links und geben Sie durch die Anordnung der Elemente oder Führungslinien/Pfeile eine Leserichtung vor.

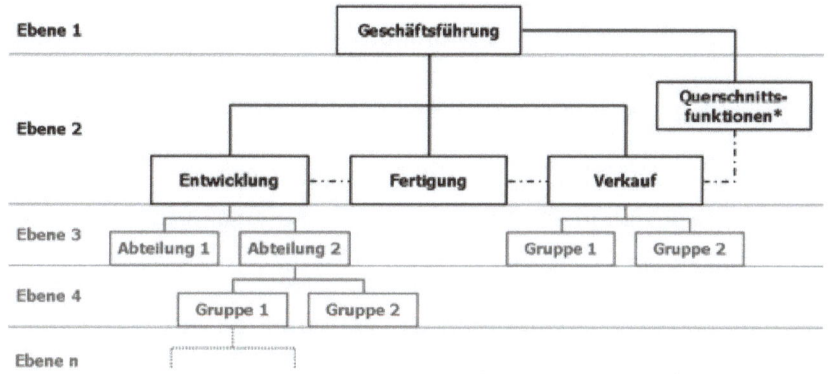

Es ist einfacher, wenn Element und Legende direkt miteinander verknüpft sind. Dadurch muss das Auge weniger bewegt werden und das Gedächtnis wird weniger belastet.

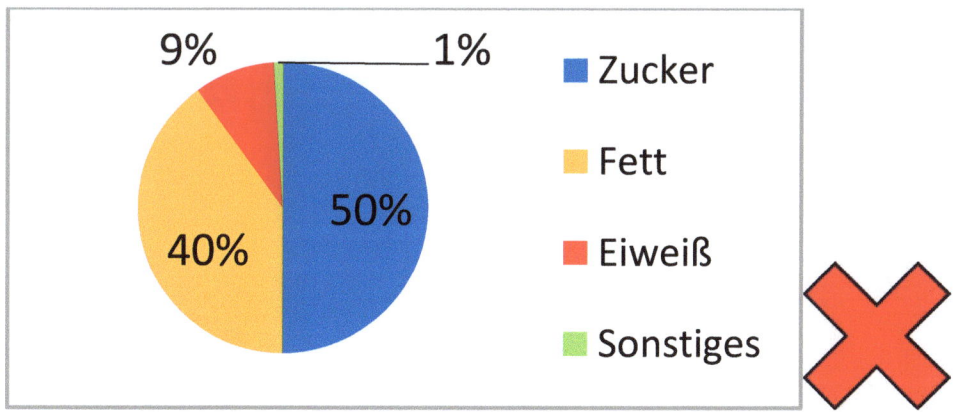

71

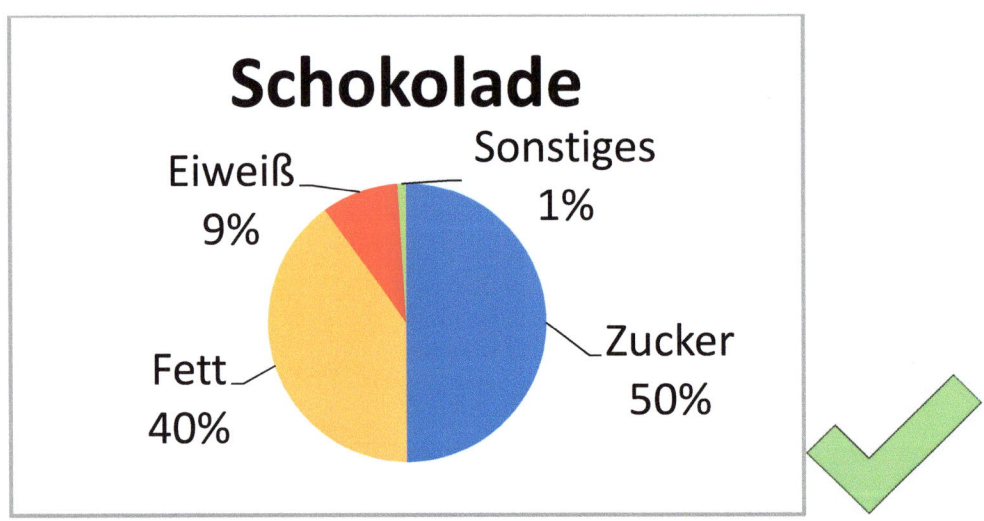

Beschreibungen von Bildern

Bild-Beschreibungen richten sich vor allem an blinde Menschen. Blinde Menschen wissen, dass ein Bild vorhanden ist. Sie wissen aber nicht, was darauf zu sehen ist.

Der Alternativtext beschreibt, was auf dem Bild zu sehen ist. Er wird Blinden - und nur ihnen - von dem Screenreader vorgelesen.

Die Bildunterschrift wird für alle Nutzenden sichtbar direkt unter dem Bild angezeigt. Sie ist ideal, um das Bild für Sehbehinderte zu beschreiben. Alternativtext und Bild-Unterschrift sollten nicht identisch sein, weil Blinde dann zwei Mal die gleiche Info erhalten.

Die dritte Möglichkeit, Bilder zu beschreiben ist der Fließtext. Das machen Sie zumeist nur bei informativen Grafiken oder speziellen Abbildungen wie Kunst-Objekten.

Der Alternativtext

Der Alternativtext ist eine Beschreibung des Bildes. Er wird Blinden vom Screenreader vorgelesen. Alternativtexte sollten so kurz wie möglich und so lang wie nötig sein.

Für dekorative Bilder reichen einfache Alternativtexte, die das Bildobjekt beschreiben. Beispiel: „Ein Segelboot auf dem Meer"

Bei informativen Grafiken sind die Anforderungen höher: „Das Diagramm zeigt die Entwicklung der versendeten SMS in den letzten 10 Jahren. Ab dem Jahr 2005 bis 2012 steigt die Zahl der versendeten SMS von 20,3 auf 59,8 Mrd. und fällt bis 2015 steil auf 16,6 Mrd. ab."

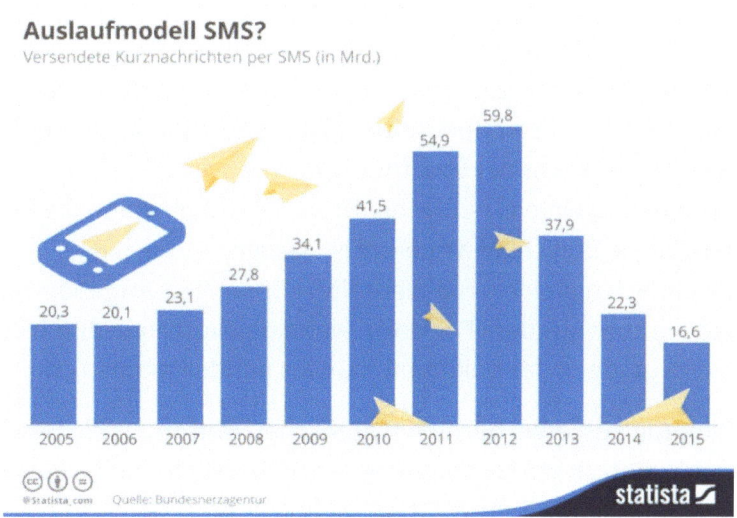

Dient ein Bild rein dekorativen Zwecken – etwa als Teil der Webseitengestaltung – kann der Alternativtext leer gelassen werden. Das Bild wird dann von Screenreadern ignoriert. Wichtig ist, dass das Alt-Attribut vorhanden ist, da die Prüftools ansonsten eine Fehlermeldung ausgeben. Copyright-Vermerke, der Name des Fotografen und sonstige Metadaten zum Bild gehören nicht in den Alternativtext.

Für Blinde spielt es keine Rolle, ob es sich um ein Balken-, Säulen- oder Kreisdiagramm handelt. Informationen zum grafischen Aufbau benötigen sie nicht. Farbe, Form, Position oder andere sensorische Informationen sind für Blinde in der Regel überflüssig.

Für detaillierte Beschreibungen etwa von Kunstwerken ist der Alternativtext ungeeignet. Da Bilder sich häufig mitten im Text befinden, stört das den Lesefluss. Zudem können Blinde solche Beschreibungen nicht systematisch, sondern nur in einem Rutsch lesen. Solche Beschreibungen werden idealerweise im Fließtext oder auf einer Extra-Seite untergebracht, damit sie auch Sehbehinderten zugutekommen.

Die Bildunterschrift

Die Bildunterschrift ist für alle Lesenden sichtbar. Sie enthält oft die Nummer der Abbildung und eine Quellenangabe. Sie kann aber auch Infos wie eine kurze Beschreibung für Sehbehinderte enthalten.

Sie sollte nicht mit dem Alternativtext identisch sein, da Blinde sie dann doppelt vorgelesen bekommen.

Der Fließtext

Für komplexe Grafiken wie Organigramme bietet sich ein Fließtext zur Beschreibung an. Es ist nicht möglich, alle Elemente aufzugreifen, doch die wichtigsten Infos können hier untergebracht werden. Informationen, die im Fließtext stehen, müssen nicht im Alternativtext wiederholt werden.

Entscheidungsbaum für Bild-Beschreibungen

Folgender Entscheidungsbaum soll Ihnen helfen, sinnvolle Alternativtexte zu formulieren.

1. Ist die Grafik verlinkt oder hat sie eine Funktion?

Wenn die Grafik verlinkt ist, stellt sich die Frage, wo der Link hinführt. Bei einer verlinkten Grafik ist also das Ziel des Links wichtiger als das, was in der Grafik zu sehen ist. Es gibt mehrere denkbare Fälle:

- Der Link öffnet eine größere Ansicht des Bildes. Dann reicht die Info Bildbeschreibung + „öffnet größere Ansicht". Die größere Ansicht ist für den Blinden in der Regel irrelevant, aber er muss trotzdem wissen, was der Link tut.
- Der Link startet einen Download, z.B. einer Broschüre. Dann kann die Beschreibung zum Beispiel „Laden Sie die Broschüre XY herunter" lauten.
- Öffnet der Link einfach nur eine neue Webseite, können Sie vorgehen wie bei jedem anderen Link. Schreiben Sie aber in jedem Fall dazu, wenn der Nutzende durch das Öffnen des Links Ihre Website verlässt, denn das bekommt man als blinde Person nicht immer mit.

Löst die Grafik eine Funktion aus, etwa bei einem grafischen Button, ist die Beschreibung der ausgelösten Funktion relevant. „Nach rechts zeigender Pfeil" ist also keine gute Beschriftung, „Weiterblättern" oder „zur nächsten Seite blättern" schon eher.

Im Alternativtext sollte also das Ziel des Links oder die ausgelöste Aktion stehen. Auf eine Beschreibung der Grafik kann in diesem Fall komplett verzichtet werden.

2. Wie wichtig ist die Grafik?

Der nächste Fall tritt ein, wenn die Grafik nicht verlinkt ist oder keine Funktion hat.

Die Frage ist: Was würde passieren, wenn die Grafik nicht geladen wird? Würden wichtige Informationen für den Nutzenden verloren gehen?

Ist das nicht der Fall, reicht eine schlichte Beschreibung der Grafik. Empfohlen werden 80 Zeichen oder weniger, technisch gibt es keine Begrenzung.

Relevanz und Kontext

Die Ausführlichkeit einer Bild-Beschreibung ist stets von der Relevanz der Grafik abhängig. Wie relevant eine Grafik ist, hängt aber immer vom Kontext ab.

In vielen Fällen sind Grafiken reine Teaser-Objekte – es würde keine Information verloren gehen, wenn sie nicht da wären. In diesen Fällen kann die Beschreibung sehr kurz gehalten werden. Wenn die Grafik inhaltstragend ist, sollte die Grafik so ausführlich beschrieben werden, dass die Relevanz verstanden wird, ohne dass man die Grafik sehen kann.

Bei Symbolen oder Icons, die keine eigene Information enthalten sollte der Alternativtext leer gelassen werden. Zum Beispiel werden in Linklisten gerne Icons vorangestellt. Dazu gehört die nach rechts zeigende Hand oder ein Pfeil. Diese Icons haben für Blinde keinen Mehrwert und hier sollte der Alternativtext leer gelassen werden. Eine kurze Beschreibung würde den Lesefluss stören. Technisch gesehen wird das Alt-Attribut gesetzt, aber nicht befüllt.

3. Die Grafik enthält eigene Informationen

Was häufig vorkommt sind Grafiken, die selbst Informationen enthalten: Diagramme, Organigramme, Schaubilder und so weiter.

3.1. Kommen die enthaltenen Informationen im Text oder in einer Tabelle vor?

Wenn ja, kann die Information kurz gehalten werden. Dem Alternativtext kann die Information „Detaillierte Informationen finden sie im Text" bzw. „… in der Tabelle" angehängt werden. Handelt es sich um einen langen Text, ist ein Verweis auf den konkreten Abschnitt sinnvoll.

3.2. Die Informationen kommen nicht im Text vor

Wenn nein, empfehlen wir den Einsatz einer einfachen Tabelle für Zahlenwerte.

Für komplexe Grafiken, etwa Organigramme, sportliche Übungen oder Kunstwerke empfiehlt sich eine längere, systematische Beschreibung. Sie kann auf der gleichen Seite oder per Link auf eine Extra-Seite bereitgestellt werden.

Gibt es unbeschreibbare Bilder?

Ja und nein: Theoretisch lässt sich jedes auch noch so komplexe Bild beschreiben. In der Praxis sind aber viele Grafiken so komplex, dass sie nicht sinnvoll beschrieben werden können. Beispiel sind umfangreiche Landkarten, elektronische Schaltpläne, Bauzeichnungen und vieles mehr.

Viele dieser Grafiken werden in erster Linie in sehr speziellen Kontexten eingesetzt. Natürlich ist Inklusion immer anzustreben. Allerdings ist für mich kaum vorstellbar, warum man z.B. einen elektronischen Schaltplan oder eine Bauzeichnung für Blinde zugänglich machen sollte. Sie richten sich an Fachleute, das heißt, auch Sehende ohne diese Qualifikation wären überfordert.

Es gibt grundsätzlich mehrere Möglichkeiten, sie dennoch zu beschreiben. Eine Möglichkeit ist, Ebenen herauszunehmen und nur Grundrisse zu beschreiben.

Eine weitere Möglichkeit wäre, tatsächlich die Grafik systematisch zu beschreiben. Hier ist allerdings das Problem, dass bei einigen Blinden das visuelle Vorstellungsvermögen nicht gut genug ausgeprägt ist. Es können auch tastbare Modelle verwendet werden, etwa aus dem 3D-Drucker oder eine echte elektronische Schalttafel zum Abtasten.

Tatsächlich haben wir aber noch keine saubere Methode entwickelt, um solch komplexe Grafiken adäquat zu beschreiben. Derzeit kommen wir meines Erachtens nicht an persönlichen Beschreibungen vorbei, also an einer Beschreibung durch eine Person, bei der man auch Rückfragen stellen kann. Dennoch muss der Erstellende zumindest eine grundlegende Beschreibung erstellen. Ansonsten weiß der Blinde nicht, dass es etwas gibt, das er sich beschreiben lassen müsste.

Tabellen als Alternative

Für Grafiken, die im Wesentlichen Zahlenwerte abbilden sind die zugehörigen Tabellen das beste Äquivalent. Wenn sich die Tabelle nicht im Fließtext integrieren lässt, kann sie auf einer Extra-Webseite oder als Excel-Datei zum Download angeboten werden. Generell sind auch für Sehbehinderte Tabellen leichter lesbar als Diagramme. Deshalb ist es für Zahlenwerte immer sinnvoll, die zugehörige Tabelle anzubieten.

Exkurs: Grenzen von Automatisierung und Künstlicher Intelligenz

Automatisierung und Algorithmen der künstlichen Intelligenz halten zunehmend Einzug in unseren Alltag der Dokumenten-Erstellung. Sie bieten große Vorteile, sind aber für absehbare Zeit teils eine Arbeits-Erleichterung bis unbrauchbar.

Gute Ergebnisse leisten Werkzeuge zur automatischen Untertitelung bzw. Transkription gesprochener Texte. Bis zu 80 Prozent und mehr können automatisch erkannt werden, abhängig von Sprach-Qualität und Komplexität der Sprache.

Das automatische Taggen von Dokumenten ist derzeit mäßig erfolgreich. Manchmal funktioniert es gut, manchmal erfordert es größere Nacharbeiten und man wäre mit händischem Taggen schneller gewesen. Ähnliches gilt für den automatischen Reflow. Adobe setzt aktuell bei den mobilen Versionen des Adobe Reader auf den Liquid Mode, der das tun soll, was Reflow bisher nicht schafft: Eine responsive Darstellung auch komplexer PDF-Dokumente.

Absolut unbrauchbar ist die KI derzeit bei der automatischen Bild-Beschreibung. Die KI ist gut, wenn es um das Erkennen einzelner Objekte geht. Sie kann aber keine Zusammenhänge in Grafiken erkennen. „"3 Personen, Wiese, Ball" ist etwa eine typische Beschreibung für ein Bild, auf dem drei Personen Fußball spielen. Als Beschreibung ist das kaum ausreichend. Das wird auf absehbare Zeit so bleiben: Schließlich kann die Software nicht wissen, mit welcher Intention ein Bild eingefügt wurde oder in welcher Beziehung die Objekte auf einem Bild zueinanderstehen.

Vollends scheitert die KI bei komplexen Grafiken. Während einfache Informationsgrafiken wie Torten- oder Säulen-Diagramme sich leicht maschinell erkennen und beschreiben lassen, gilt das nicht für komplexe Ablauf-Schemata oder andere Informationsgrafiken.

Auch das automatisierte Prüfen von Dokumenten auf Barrierefreiheit funktioniert aktuell eher mäßig gut. Die Prüfung durch Microsoft Office, Adobe Acrobat Professional oder PDF Accessibility Checker zeigt zwar häufig Fehler an und manches davon ist sicher hilfreich. Andere Fehler oder Hinweise sind wenig hilfreich oder haben auf die Barrierefreiheit keinen Einfluss. Gerade für Einsteigerinnen sind diese Werkzeuge eher verwirrend.

Anhang A: PDFs auf Barrierefreiheit prüfen

Diese Anleitung ist vor allem sinnvoll, wenn Sie Dokumente von Dienstleistern oder Kollegen erhalten. Die Anleitung wendet sich an Laien, die keine Erfahrung mit professionellen Tools haben. Profi-Tools wie Nuance Power PDF bieten eigene Prüfmöglichkeiten, die aber an dieser Stelle nicht behandelt werden. Nuance hat den Vorteil, dass die angezeigten Probleme auch repariert werden können. Auch Microsoft Office hat ab der Version 2010 ein Tool zur Prüfung von Office-Dokumenten integriert. Die dort angezeigten Fehler können mit MS Office ebenfalls repariert werden.

Die genannten Tools sind sämtlich kostenlos und von Laien benutzbar. Eine Prüfung durch einen Screenreader ist sinnvoll, sollte aber von einer Person durchgeführt werden, die in dessen Nutzung erfahren ist.

Im ersten Schritt benötigen Sie den Adobe Reader DC. Das Programm gibt es kostenlos im Internet.

Schritt 1: Prüfen Sie ob Tags hinterlegt wurden

Rufen Sie im Menü „Datei" den Punkt „Eigenschaften" auf. Prüfen Sie im Reiter „Beschreibung" ob bei „PDF mit Tags" „Ja" steht.

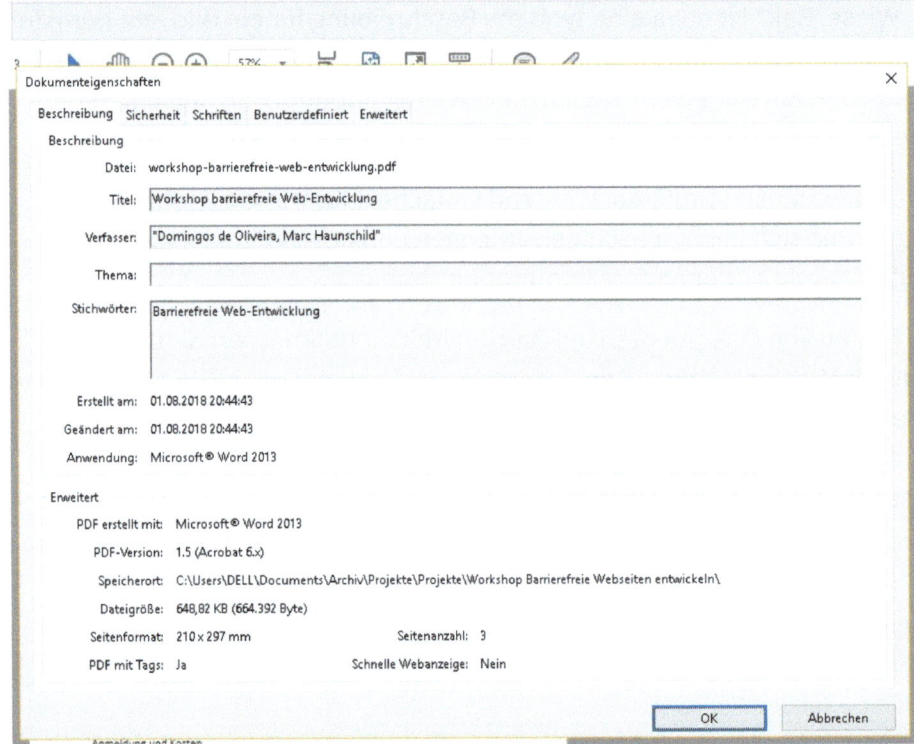

Steht dort „Nein", ist das PDF nicht barrierefrei und Sie können die Prüfung an dieser Stelle abbrechen. Das PDF ist dann nach allen geltenden Standards nicht barrierefrei.

Schritt 2: Meta-Daten

Prüfen Sie im gleichen Reiter weiter oben, ob die Meta-Daten vorhanden und korrekt sind. Unter „Autor" kann der Name des Autors oder der Organisation stehen. Unter „Titel" kann der Titel des Dokumentes eingetragen werden. Weitere Daten sind nicht unbedingt notwendig.

Schritt 3: Sicherheit

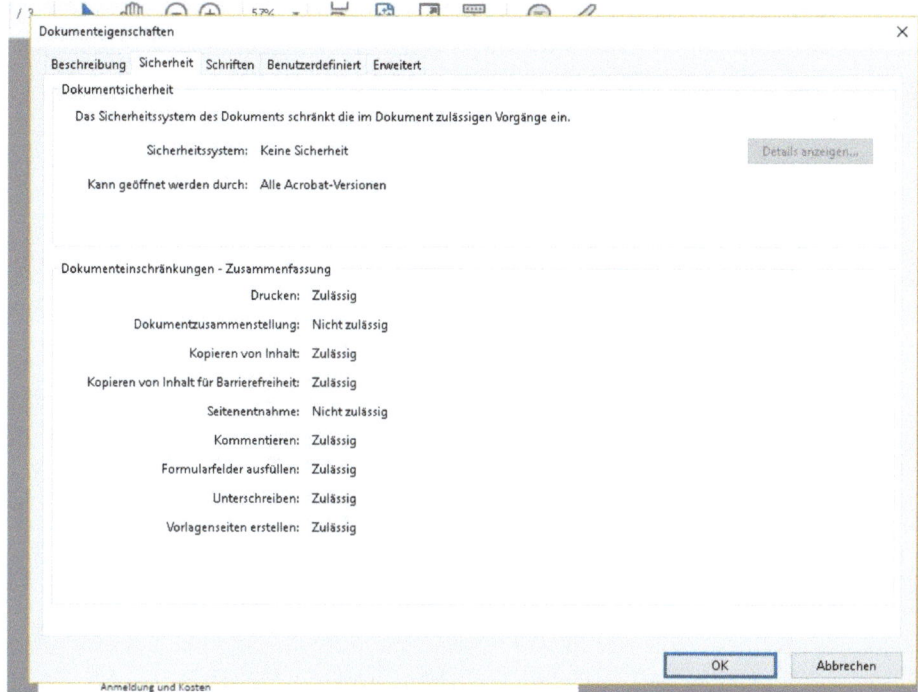

Prüfen Sie im gleichen Fenster im Reiter „Sicherheit", ob Sicherheitsmechanismen aktiviert sind.

Das Dokument sollte nicht vor dem Ausdrucken, der Entnahme von Text oder generell mit einem Passwort geschützt sein. Das kann die Zusammenarbeit mit Hilfstechnologien verhindern. Wird Hilfstechnologien der Zugang zum Dokument untersagt, ist das Dokument in keinem Fall barrierefrei.

Hinweis: Zwar kann mit Adobe Acrobat der Zugriff für Hilfstechnologien explizit erlaubt werden. Doch verwenden nicht alle Behinderten dedizierte Hilfstechnik. Der Verzicht auf Sicherheitsmechanismen ist in jedem Fall vorzuziehen.

Schritt 4: Korrekte Sprache

Prüfen Sie im gleichen Fenster im Reiter „Erweitert", ob die Sprache des Dokuments korrekt hinterlegt wurde.

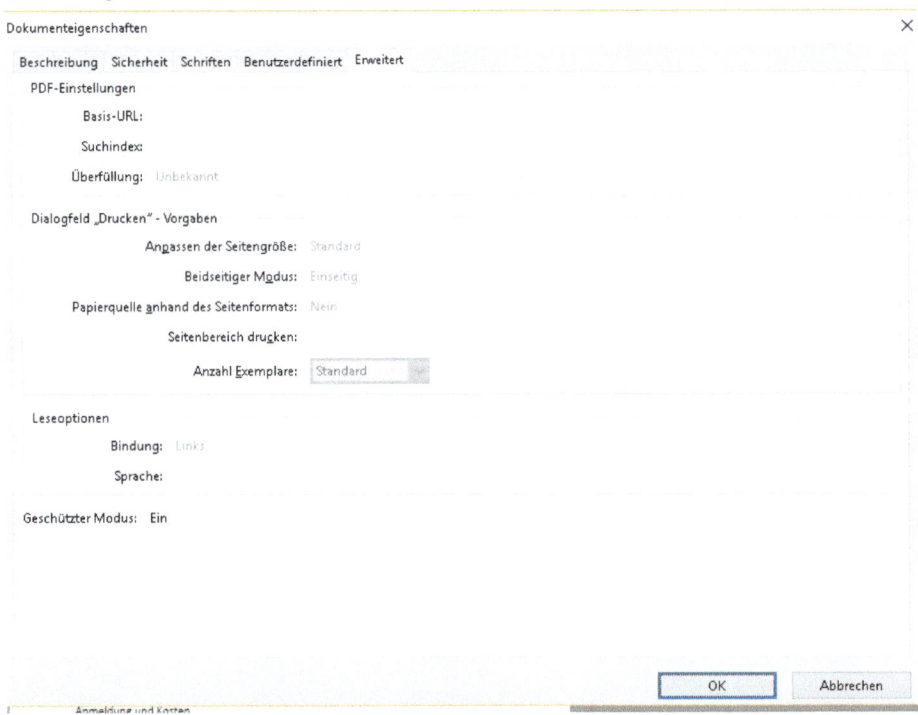

Mit Microsoft Office lässt sich die korrekte Hauptsprache des Dokuments nicht hinterlegen.

Schritt 5: Prüfen Sie den Umfließen-Modus

Der Umfließen-Modus ist nicht Teil des PDF-Barrierefreiheits-Standards und muss daher nicht vollkommen fehlerfrei funktionieren. Er funktioniert zum Beispiel nicht in als PDF abgespeicherten Word-Dokumenten auf Seiten, die ein Bild enthalten. Trotzdem kann er hilfreich sein, um fehlerhafte Textformatierungen zu erkennen.

Im Umfließen-Modus sollen alle Elemente in einer Spalte angezeigt werden. Mehrspaltige Texte sollen in einer Spalte in der korrekten Reihenfolge angezeigt werden. Bilder und Tabellen sollen an der korrekten Stelle angezeigt werden. Schmuckelemente wie Farbverläufe sollen ausgeblendet werden.

Achten Sie hier insbesondere auch auf die Textformatierung: Werden die Bindestriche der Silbentrennung im Text angezeigt? Tauchen mitten in Worten Leerzeichen auf oder fehlen manchmal Leerzeichen zwischen Worten? Dann handelt es sich um einen Fehler. Die Screenreader von Blinden werden die Dokumente falsch vorlesen.

Rufen Sie im Menü „Ansicht" unter „Zoom" den Punkt „Umfließen" auf. Oder Drücken Sie STRG + 4. Auf dem gleichen Weg kann der Umfließen-Modus deaktiviert werden.

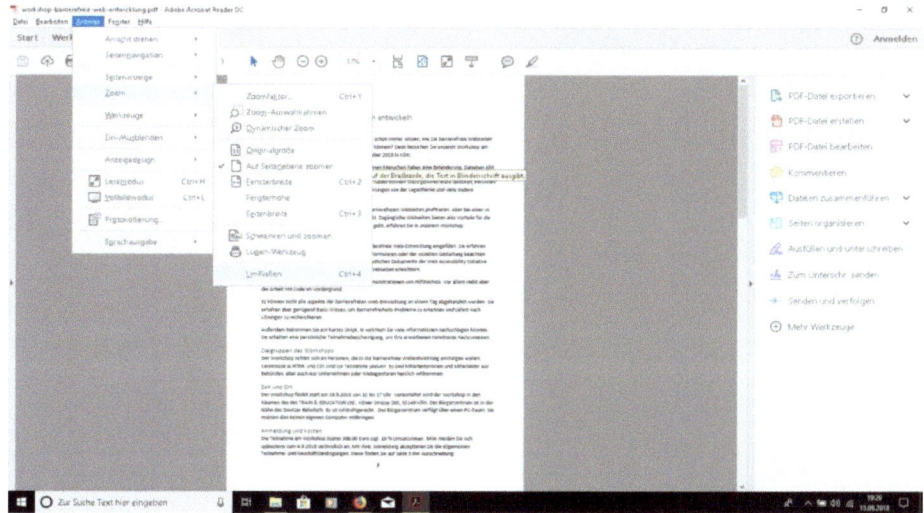

Alle Elemente sollten in einer logischen Reihenfolge angezeigt werden. Achten Sie etwa auf die Zuordnung von Bildern und Bildunterschriften. Elemente sollten einander nicht überlappen und einen angemessenen Abstand zueinander haben.

Lesezeichen vorhanden

Lesezeichen werden im Adobe Reader links als visuell immer sichtbares interaktives Inhaltsverzeichnis angezeigt. Unterpunkte können auf- und zugeklappt werden. Ein Inhaltsverzeichnis ist bei längeren Dokumenten wie Broschüren sinnvoll, richtet aber in keinem Fall Schaden an.

Falls Sie keine Lesezeichen sehen, prüfen Sie unter Anzeige -> Ein- Ausblenden -> Navigationsfenster, ob der Punkt „Lesezeichen" aktiviert ist. Ist der Punkt aktiv und werden keine Navigationspunkte auf der linken Seite angezeigt, sind keine Lesezeichen vorhanden.

Anmerkung: Lesezeichen gehören nicht zum Standard für barrierefreie PDFs. Da sie aber einfach hinzugefügt werden können und für Blinde und Sehbehinderte von Vorteil sind, empfehlen wir, sie einzusetzen.

Optional: Prüfung mit der Bildschirm-Lupe

Prüfen Sie das Dokument auch in einem Kontrast-Modus. Rufen Sie dazu die ab Windows 7 integrierte Bildschirm-Lupe auf. Geben Sie dazu im Startmenü von Windows „Bildschirm-Lupe" ein. Klicken Sie auf Optionen und wählen Sie „Farben umkehren".

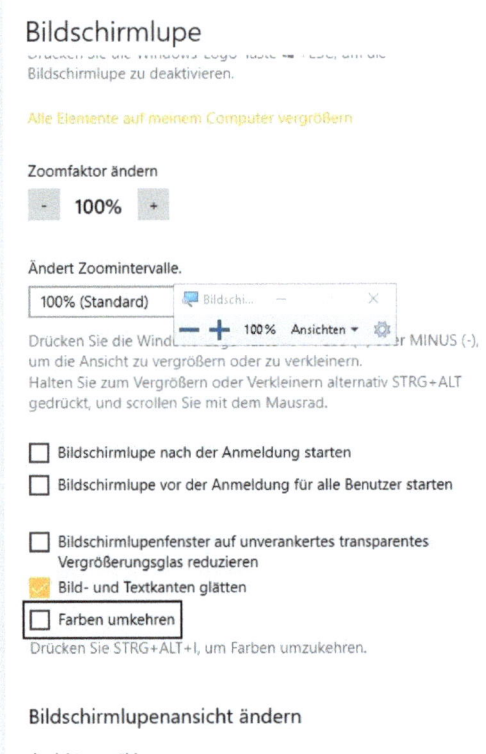

Die Farben werden umgekehrt. Auf dem gleichen Weg kann der Kontrast-Modus verlassen werden.

Scrollen Sie durch das Dokument und stellen Sie fest, ob alle Texte lesbar sind. Prüfen Sie bei Tabellen und Info-Grafiken, ob alle Elemente erkennbar sind.

PDF Accessibility Checker

Der kostenlose PDF Accessibility Checker (PAC) prüft nicht, ob ein Dokument barrierefrei ist. Er prüft, ob das PDF den Standard PDF UA technisch erfüllt. Schon ein kleiner Fehler im Dokument kann dutzende Fehlermeldungen hervorrufen. Ein Dokument kann trotz Fehlern problemlos mit Hilfstechnik funktionieren. Umgekehrt kann ein laut PAC fehlerfreies Dokument mit Hilfstechnik Probleme machen.

Weder mit MS Office noch mit LibreOffice können Sie ein PDF erstellen, das von PAC als fehlerfrei angezeigt wird.

Der PAC 2021 hat zwei Prüf-Möglichkeiten: Er prüft die Konformität mit PDF UA und mit WCAG 2.1. Wie bereits gesagt sind diese automatischen Prüfungen nur eingeschränkt aussagekräftig. Dennoch kann man mit dem PAC einige technische Prüfungen durchführen.

Bitte behalten Sie immer im Hinterkopf, dass auch die Prüftools selbst Softwarefehler haben können, die teils auch Jahre bestehen können. Aktuell hat der PAC zum Beispiel Probleme mit dem integrierten Kontrast-Prüfer.

Schritt 1: Die Schnellprüfung

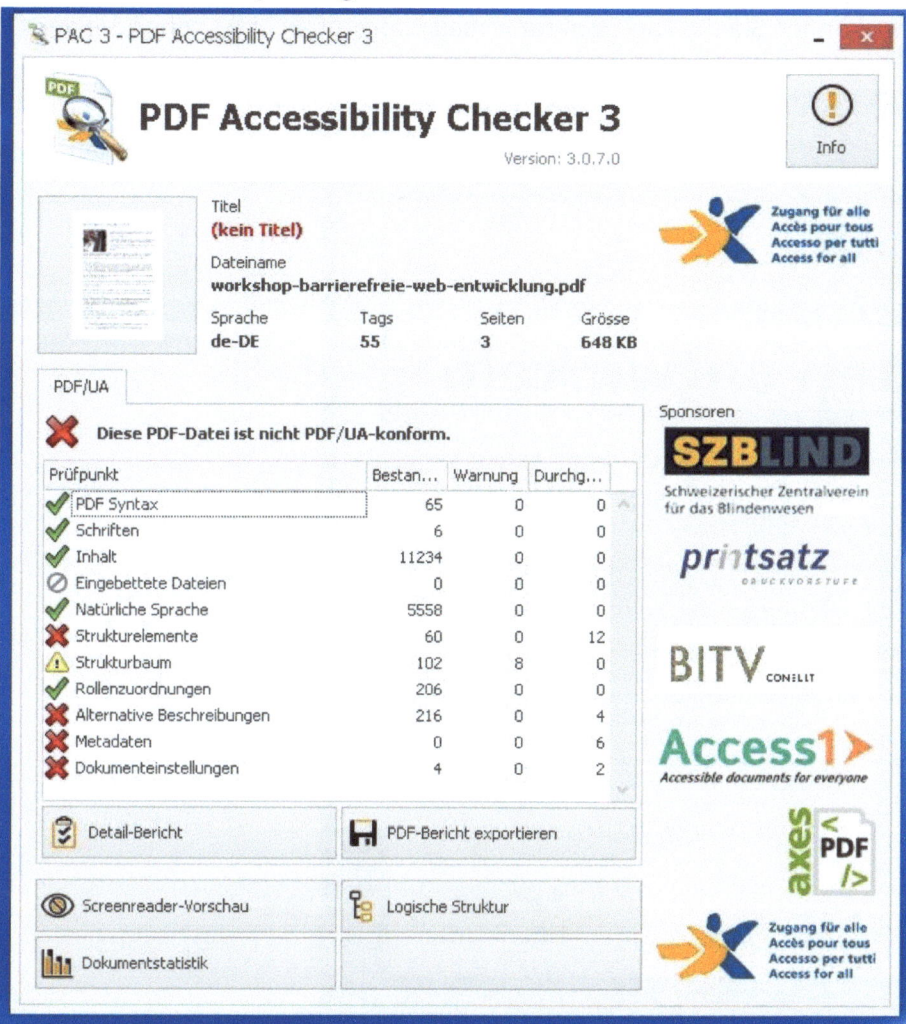

Wählen Sie die zu prüfende Datei aus. Der Fehlerreport erscheint.

Sie können mit der Funktion „PDF-Bericht exportieren" einen Fehlerbericht exportieren und an einen Dienstleister weitergeben.

Sie können sich auch die einzelnen Fehler im Detail-Bericht anschauen. Doch muss man tiefer im Thema sein, um die Fehlermeldungen zu entschlüsseln.

Schritt 2: Die Screenreader-Preview

In der Screenreader-Vorschau können Sie die Tag-Struktur visuell überprüfen. Links sehen Sie die Tags, rechts den Inhalt.

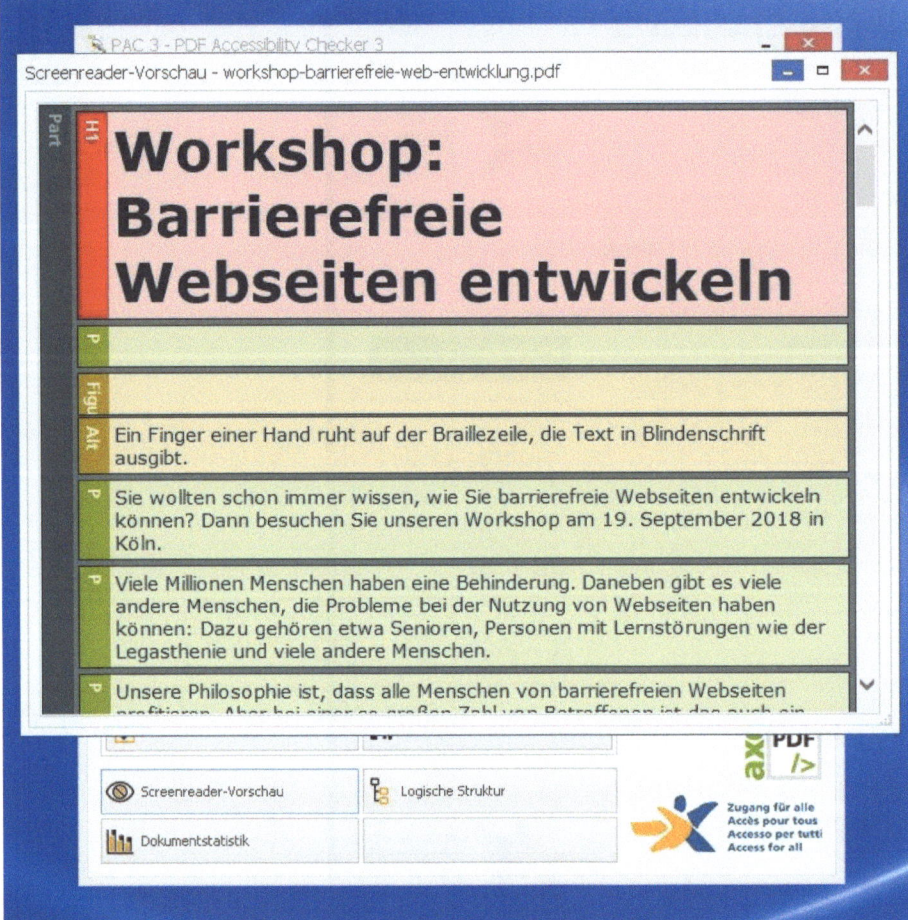

Suchen Sie nach „fig" für figure" und überprüfen Sie, ob die alternativen Beschreibungen im Bereich „Alt" sinnvoll sind.

H1 steht für Überschrift 1 und wird für die Haupt-Überschriften verwendet.

H2 steht für Überschrift 2 und wird für die Zwischen-Überschriften verwendet. P wird für Absätze verwendet. Auch hier können Sie prüfen, ob die Tags korrekt zugeordnet sind.

Prüfen Sie außerdem, ob die Reihenfolge logisch ist: Werden zum Beispiel Bildunterschriften vor dem Bild oder mehrspaltige Texte in einer sinnvollen Reihenfolge angezeigt.

Prüfung von barrierefreien PDF-Formularen

Elementare Voraussetzung für ein barrierefreies PDF-Formular ist, dass es ohne weitere Maßnahmen am Bildschirm ausfüllbar ist. Muss dazu ein Modus wie das Ausfüll-Werkzeug vom Adobe Reader aktiviert werden, ist das Formular nicht barrierefrei. Der Ausfüll-Modus von Adobe ist für Maus-Nutzende ausgelegt und für Blinde oder Tastatur-Nutzende ungeeignet.

Prüfen Sie, ob das Formular per Tastatur ausfüllbar ist. Im Normalfall sollte die Schreibmarke bzw. der Fokus auf dem ersten aktivierbaren Element stehen. Ist das nicht der Fall, versuchen Sie, per Tab dorthin zu kommen. Prüfen Sie, ob:

- die Tab-Reihenfolge sinnvoll ist oder ob der Tab sinnfrei durch das Formular hüpft
- Checkboxen mit Leertaste aktiviert bzw. deaktiviert werden können
- Radio-Buttons mit Hilfe der Pfeil-rauf- und runter-Tasten ausgewählt werden können
- sich Ausklapplisten mit ALT + Pfeil-runter aufklappen lassen
- sich Textfelder mit der Tastatur ausfüllen lassen

Sind Verhaltensweisen wie Dialogboxen programmiert worden, müssen Sie zumindest prüfen, ob diese per Tastatur verwendet werden können.

Test durch Nutzerinnen

Beschäftigen Sie behinderte Kolleginnen, die mit Hilfstechnik arbeiten, können Sie auch diese Kolleginnen bitten, sich das Dokument mit der Hilfstechnik anzuschauen. Die Prüferinnen müssen natürlich wissen, worauf sie achten sollen, und sollten entsprechend gebrieft werden.

Außerdem können Sie externe Nutzerinnen explizit zum Feedback einladen. Das macht nur Sinn, wenn Sie dieses Feedback auch ernst nehmen und zur Verbesserung verwenden. Ein solcher Feedback-Mechanismus ist durch die EU-Richtlinie 2102 für barrierefreie Webseiten vorgesehen, für PDF scheint das derzeit nicht der Fall zu sein.

Anhang B: Checklisten für barrierefreie Dokumente und PDF

Für Dokumente und PDF gibt es einige allgemeine technische Anforderungen, die Wichtigsten möchte ich kurz zusammenfassen. Gerne können sie diese Liste ergänzen und für Ihr Anforderungs-Management verwenden.

Allgemeine Anforderungen an Standard-Dokumente

- Es wird zwischen inhaltlich relevanten und nicht relevanten Bestandteilen unterschieden. Dekorative Bestandteile wie Linien, Farbverläufe oder Seitenzahlen werden als Artefakt gekennzeichnet, das heißt, sie werden in den Hintergrund gelegt.
- Alle relevanten Inhalte müssen semantisch sinnvoll getaggt sein. Das heißt zum Beispiel, eine Überschrift wird nicht nur visuell als Überschrift dargestellt, sondern ist auch von einer Software als Überschrift erkennbar.
- Der Tag-Baum muss eine logische Lese-Reihenfolge widerspiegeln. Das heißt, die Inhalte sind in einer für den Nutzenden sinnvollen Reihenfolge angeordnet.
- Es dürfen nur Standard-Tags verwendet werden. Werden eigene Tags definiert, müssen sie den Standard-Tags zugeordnet werden.
- Informationen dürfen nicht rein visuell, etwa über Farbe, Farb-Änderung oder visuelle Anordnung vermittelt werden.
- Es sollen die Mindest-Kontrastwerte der WCAG 2.1 für Texte, Informationsgrafiken, Tabellen und Bedien-Elemente eingehalten werden.
- Es soll kein Flackern oder Flimmern etwa durch Effekte oder Animationen vorkommen. Interaktive Elemente und Multimedia wie Animationen oder Videos müssen vom Nutzenden bedien- und steuerbar sein.
- Der Dokumententitel muss festgelegt werden. Er steht oben im Dokumentfenster.
- Für das Dokument muss die Hauptsprache technisch definiert sein. Änderungen der Sprache müssen ausgezeichnet werden. Das gilt allerdings nicht für einzelne Worte, eher für Sätze oder Absätze.
- Nicht-textliche Elemente müssen, wenn sie inhaltsrelevant sind, eine Textbeschreibung bekommen.
- Der Zugriff für assistive Technologien muss in den Sicherheits-Einstellungen explizit erlaubt sein. Besser ist allerdings, auf Schutzmechanismen generell zu verzichten.
- Informationen werden nicht nur über einen sensorischen Kanal wie Farbe, Form oder Position vermittelt.

Anforderungen an Tabellen

- Tabellen werden in einer logischen Reihenfolge vorgelesen.
  WICHTIG: Sind Daten-Tabellen nicht logisch aufgebaut, sind sie für Blinde praktisch nicht verwendbar.
- Tabellen-Überschriften sind ausgezeichnet.
- Komplexe Tabellen sind korrekt verschachtelt.
- Tabellen sollen keine leeren Zellen enthalten.
- Optional: Zeilen sind gebändert.
- Optional: Zeilen-Überschriften werden auf jeder neuen Seite wiederholt.

Anforderungen an Formulare

Formulare stellen spezielle Anforderungen, die heute mit den Bordmitteln von Autoren-Software wie Word nicht erreichbar sind.

- Formulare müssen ohne zusätzlichen Aufwand am Bildschirm ausfüllbar sein. Das Ausfüllen-Werkzeug etwa des Adobe Reader ist für Blinde und Tastatur-Nutzende nicht einsetzbar.
- Es werden entweder die Standard-Formular-Elemente verwendet oder deren Zugänglichkeit für assistive Technologien werden anderweitig sichergestellt. Insbesondere muss der Status eines Elements sowie eingegebener Text durch den Nutzenden auslesbar und veränderbar sein, siehe dazu auch Name, Rolle, Wert.
- Die Nutzbarkeit per Tastatur, insbesondere die Verwendung des Tabs in einer sinnvollen Reihenfolge ist sichergestellt.
- Pflichtfelder sind eindeutig gekennzeichnet.
- Die Eingabefelder sind per Label eindeutig einander zugeordnet.
- Fehlerhafte Eingaben sind, wo möglich erkennbar. Es werden Hilfen zum korrekten Ausfüllen gegeben.
- Bei der Gestaltung werden Konventionen eingehalten. Dazu gehört etwa die übliche Reihenfolge für Eingaben wie Vorname, Nachname, Straße, PLZ, Ort, Telefon und so weiter.

Anhang C: Glossar

Dieses Glossar soll Ihnen weiterhelfen, wenn Sie Texte zur Barrierefreiheit lesen und verstehen wollen. Nicht alle Begriffe kommen tatsächlich im Buch vor.

A11Y

A11Y ist die Kurzform von Accessibility. Es steht für den Anfangs- und den Endbuchstaben sowie die 11 Zeichen dazwischen und wird Ally gesprochen, da die 1 ähnlich wie das kleine l aussieht. Ally ist zugleich eine wichtige Endsilbe im Englischen und wird deshalb gerne für Wortspiele benutzt. A11Y ist häufig in Texten zur digitalen Barrierefreiheit zu finden.

Accessible Name/Zugänglicher Name/barrierefreier Name

Der Accessible Name ist die für assistive Technologien zugängliche Bezeichnung eines Objekts.

Technisch gesehen muss die visuelle Beschriftung zum Beispiel von einem Eingabefeld in einem Formular nicht mit der maschinenlesbaren Beschriftung des Elements übereinstimmen.

Nutzende von Sprachsteuerungen arbeiten aber mit der visuellen Beschriftung. Der Sprachbefehl „Gehe zum Eingabefeld Vorname" würde nicht funktionieren, wenn das Eingabefeld im maschinenlesbaren Namen „surname" heißt.

Deshalb wird empfohlen, dass der maschinenlesbare Name mit der visuellen Beschriftung identisch ist.

Accessibility Tree

Der Accessibility Tree gibt die Informationen eines Dokuments so aus, wie sie von einer assistiven Technologie empfangen werden würde. Er kann in PDFs zum Beispiel mit dem PAC angesehen werden.

Alternativtext/ALT-Text

Der Alternativtext ist ein Attribut, um Bilder für Blinde zu beschreiben. Er wird von assistiven Technologien ausgegeben, ist aber in der Regel nicht visuell sichtbar.

Americans with Disabilities Act/ADA

Der Americans with Disabilities Act (ADA) schreibt US-amerikanischen Organisationen und Unternehmen vor, dass sie in weiten Teilen barrierefrei sein müssen. Viele Klagen gegen amerikanische Unternehmen wegen mangelnder Barrierefreiheit der Webseiten basieren auf dem ADA.

Der ADA ist zu unterscheiden von der Section 508, die für amerikanische Bundesbehörden digitale Barrierefreiheit vorschreibt.

Der ADA erwähnt nicht ausdrücklich digitale Barrierefreiheit, da er aus den frühen 90ern stammt. Es ist umstritten, ob digitale Barrierefreiheit durch den ADA impliziert ist.

API /Barrierefreiheits-Schnittstelle

Eine Schnittstelle (englisch Application-Programming-Interface oder API) ist in unserem Zusammenhang ein Standard, nach dem bestimmte Informationen zwischen Programmen ausgetauscht werden können. Die Barrierefreiheits-Schnittstelle etwa beschreibt, wie Informationen einer grafischen Benutzeroberfläche bereitgestellt werden müssen, damit sie von assistiven Technologien verarbeitet werden können.

Jedes Mainstream-Betriebssystem stellt solch eine API bereit. In Windows hieß sie früher Microsoft Accessibility API, heute heißt sie UI Automation. Alle Anbieter von Mainstream-Betriebssystemen, also Microsoft, Google, Apple und Linux stellen ausführliche Informationen zur Accessibility API ihrer Systeme bereit.

Artefakt/Artifact/dekorativ

Der Begriff Artefakte wird in unserem Zusammenhang nur beim Thema PDF verwendet. Er besagt, dass Elemente, die nicht inhaltstragend sind in den Hintergrund gelegt werden. Diese Inhalte sind zwar visuell sichtbar, sollen aber vor assistiven Technologien wie Screenreadern, Vorlese-Tools oder speziellen Lese-Programmen verborgen bleiben.

In Microsoft Office 365 können Elemente als dekorativ markiert werden, was den gleichen Effekt hat. Inhalte aus Kopf- und Fußzeilen werden von Office automatisch in den Hintergrund gelegt.

Assistierende/Assistive Technologien (AT)/Hilfs-Technologien

Assistive Technologien oder Hilfstechnologien sind Programme oder Geräte, welche behinderten Menschen den Zugang zu Webseiten und Computern ermöglichen.
Andere Begriffe sind Hilfsmittel, Eingabehilfen oder Bedienungshilfen.

Grundsätzlich können in den verbreiteten Betriebssystemen sowie in den Browsern selbst weitere Funktionen verwendet werden, welche die Bedienung erleichtern. Unter anderem können Farben und Kontraste, Schriftarten und Schriftgrößen und einige weitere Faktoren verändert werden. Diese Hilfen werden nicht als assistive Technologien bezeichnet.

Außerdem verfügen alle gängigen Betriebssysteme auf PC und Smartphone über integrierte assistive Technologien wie Vorlese-Funktionen, Bildschirm-Vergrößerung und weitere Hilfen. Man spricht auch von dedizierten assistiven Technologien, wenn diese Hilfsmittel speziell für behinderte Menschen gedacht sind.

Assistive Technologien können sowohl Software als auch Hardware sein. Neben den in Betriebssystemen integrierten Hilfen gibt es zahlreiche weitere Programme, die teils sehr kostspielig sind. Bekannte Programme sind Screen Reader, Screen Magnifier, Sprachsteuerungen und vieles mehr.

Audiodeskription

Die Audiodeskription (AD) ist eine Beschreibung von visuellen Video-Inhalten für blinde und sehbehinderte Personen. Sie wird in den Teilen des Filmes eingebaut, in welchen nicht gesprochen wird.

Barriere-Armut/Barrierefreiheit

Der Begriff Barrierefreiheit umfasst im Allgemeinen die Zugänglichkeit für behinderte Menschen.

Um die Aussage Barrierefreiheit zu spezifizieren, spricht man im Allgemeinen nicht von barrierefreien Webseiten, sondern von Übereinstimmung oder Erfüllung (Konformität/Conformance) mit den Barrierefreiheits-Richtlinien. Die Übereinstimmung mit Richtlinien ist prinzipiell überprüfbar. Die Aussage, das Dokument X sei barrierefrei ist in diesem allgemeinen Sinne nicht sinnvoll, da der Begriff Barrierefreiheit unscharf und seine Erfüllung nicht überprüfbar ist.

Barrierefreie Informationstechnik Verordnung (BITV)

Die Barrierefreie-Informationstechnik-Verordnung (BITV) regelt die digitale Barrierefreiheit öffentlicher Stellen in Deutschland. Sie basierte mit einigen Änderungen bis 2019 auf den Web Content Accessibility Guidelines.

Im Rahmen der EU-Richtlinie 2102 und der Norm EN 301 549 gilt die WCAG 2.1 als Basis der Web-Barrierefreiheit in Deutschland. Die aktuelle BITV 2.0 2019 enthält selbst keine Richtlinien zur Web-Barrierefreiheit mehr, sondern verweist auf die EN 301549, die wiederum auf die WCAG 2.1 AA verweist.

Prinzipiell gilt die BITV nur für Bundes-Einrichtungen. Die Länder können eigene Gesetze erlassen. In der Regel orientieren sie sich an der BITV. Der Mindest-Maßstab wird durch die WCAG AA gesetzt, die Länder dürfen nicht darunterbleiben, können aber darüber hinaus gehen.

Braillezeile/Braille Display

Eine Braillezeile oder Braille Display ist ein Gerät, welches Informationen des Screenreaders dynamisch als Blindenschrift ausgeben kann. Dabei kann sie prinzipiell die gleichen Informationen wie eine Sprachausgabe ausgeben. Das heißt, neben normalem Text gibt sie auch Strukturinformationen wie HTML-Überschriften aus.

Braillezeilen geben in der Regel 40 oder 80 Zeichen aus. Sie zählen zu den assistiven Technologien.

Erfolgskriterien/Success Criteria

Die Erfolgskriterien oder success criteria sind ein Begriff aus der WCAG. Sie beschreiben die konkreten Anforderungen an barrierefreie Webseiten. In Deutschland spricht man in diesem Zusammenhang eher von Barrierefreiheits-Anforderungen, gemeint sind aber stets die Success Criteria aus der WCAG.
Die BITV 2.0 2011 sprach von Bedingungen statt von Erfolgskriterien.

EU-Norm EN 301 549

Die EU-Norm EN 301 549 „Accessibility requirements for ICT products and services" ist der Rahmen für barrierefreie Technologien in der Europäischen Union. In Bezug auf Webseiten und Apps verweist sie auf die WCAG 2.1, also auf die aktuellen internationalen Richtlinien für Web-Barrierefreiheit. ICT steht dabei für Information and Communication Technologies.

Daneben formuliert die Norm auch eigene Anforderungen an spezielle Formate wie Webseiten oder digitale Dokumente.

EU-Richtlinie 2016-2102

Die EU-Richtlinie 2016-2102 trat im September 2018 in Kraft. Sie harmonisiert die Web-Barrierefreiheits-Richtlinien der einzelnen EU-Mitgliedsstaaten. Ihre Basis ist die WCAG in der jeweils aktuellen Ausformung.

EU-Richtlinie 2019-882 oder European Accessibility Act (EAA)

Der European Accessibility Act wurde 2019 verabschiedet. Er ist auch bekannt als EU-Richtlinie 2019-882. Die deutsche Umsetzung ist das Barrierefreiheits-Stärkungs-Gesetz.
Der EAA schreibt Barrierefreiheit für einige Produkte des Alltags vor. Dazu gehören eBooks, Fahrkarten-Terminals und Bankautomaten.

Konformität/Conformance

Spricht man vom barrierefreien Internet, ist in aller Regel Konformität oder Übereinstimmung/Erfüllung der Barrierefreiheits-Richtlinien gemeint. Konformität ist erreicht, wenn alle Anforderungen einer der Konformitätsstufen erreicht sowie die Konformitätsbedingungen erfüllt wurden.

Konformitätsbedingungen (Conformance Requirements)

Die Konformitätsbedingungen (Conformance Requirements) sind Bedingungen, die generell erfüllt sein sollen, um Konformität mit den Richtlinien herzustellen. Es gibt fünf Bedingungen:

- Um Konformität mit einer Stufe (A, AA oder AAA) zu erreichen, sind alle Erfolgskriterien der jeweiligen Stufe zu erfüllen.
- Eine Erklärung zur Konformität umfasst einen gesamten Web-Auftritt. Konformität wird nicht dadurch erreicht, dass einzelne Unterseiten konform sind.
- Gehören Webseiten zu einem Prozess, muss jede Unterseite dieses Prozesses die jeweilige Konformitätsstufe erfüllen.
- Wird eine Funktion oder Information nicht barrierefrei bereitgestellt, gibt es eine barrierefreie Alternative zu dieser Information oder Funktion.
- Werden nicht-barrierefreie Inhalte verwendet, hindern sie den Nutzenden nicht daran, den Rest des Dokuments zu nutzen.

Konformitätsstufe/Conformance Level

Alle Erfolgskriterien der WCAG sind drei Konformitäts-Stufen zugeordnet:

- A = muss erfüllt sein
- AA = sollte erfüllt sein
- AAA = kann erfüllt sein

Um überhaupt von Barrierefreiheit sprechen zu können, müssen alle Anforderungen erfüllt sein, die unter A eingeordnet sind. In Deutschland wird von der BITV die Stufe AA gefordert. Das heißt, es müssen alle Kriterien unter A und AA erfüllt sein. Die Stufe AAA bedeutet , dass alle Erfolgskriterien erfüllt sein müssen. Das wird allerdings nur von zentralen Seiten wie der Startseite erwartet. Das W3C selbst räumt ein, dass eine flächendeckende Erfüllung von AAA für einen komplexen Web-Auftritt kaum erreichbar ist.

Lese-Reihenfolge/Reading Order

Die Lese-Reihenfolge legt fest, in welcher Reihenfolge Elemente auf einer Website vorgelesen werden. Das ist wichtig, da Dokumente für Blinde nicht mehrspaltig, sondern linear und hintereinander erscheinen. Beachten Sie dazu auch die Tab-Reihenfolge. Die Lese-Reihenfolge entspricht nicht unbedingt der grafischen Anordnung der Elemente.

Leichte Sprache/einfache Sprache

Die Leichte Sprache ist eine stark vereinfachte Form der Alltagssprache. Sie wird vor allem für lernbehinderte Menschen eingesetzt, um ihnen eine selbständige Information zu ermöglichen. Derzeit gibt es vor allem zwei wichtige Regelwerke zur Leichten Sprache in Deutschland: Die Regeln des Netzwerks Leichte Sprache sowie das Regelwerk der Universität Hildesheim. Außerdem sind in der aktuellen BITV ein paar allgemeine Anforderungen festgelegt. International wird auch von Easy Reading oder easy to read gesprochen.

Die einfache Sprache richtet sich eher an Menschen mit geringer Lese-Erfahrung. Hierzu gibt es in Deutschland derzeit kein offizielles Regelwerk. In den USA spricht man von Plain Language.

Die Leichte Sprache hat neben den sprachlichen Regeln auch bestimmte Formen der grafischen Darstellung. Diese Darstellung soll die visuelle Erkennbarkeit und Lesbarkeit verbessern.

Sowohl zur Leichten als auch zur Einfachen Sprache werden aktuell DIN-Regelwerke entwickelt.

Linearisierbarkeit
Linearisierbarkeit hängt eng mit der Lese-Reihenfolge zusammen. Es geht darum, dass mehrdimensionale Inhalte wie Tabellen in eine für assistive Technologien sinnvolle Reihenfolge gebracht werden können.

Assistive Technologien sollen in der Lage sein, mehrspaltige Inhalte sinnvoll anzuzeigen. Dafür ist wichtig, dass man linear durch die Inhalte durchgehen kann, ohne dass die Reihenfolge sinnlos ist. Wird eine Tabelle zum Beispiel nicht korrekt linearisiert, ist sie für Nutzende assistiver Technologien unbrauchbar.

Matterhorn-Protokoll
Das Matterhorn-Protokoll ist eine Prüf-Routine für barrierefreie PDFs. Es enthält sowohl automatisch als auch manuell zu prüfende Anforderungen. Die aktuelle Version steht kostenlos in einer deutschen Version zur Verfügung.

Mehr-Sinne-Prinzip/Mehr-Kanal-Prinzip/multi-sensorisch
Das Mehr-Sinne-Prinzip besagt, dass Informationen auf mindestens zwei Wegen zugänglich sein müssen. Klassisches Beispiel ist das Video, das für Gehörlose durch Untertitel zugänglich wird. Dazu gehört aber auch, dass eine Information über mehrere Kanäle zugänglich gemacht wird. So soll eine Information nicht nur per Farbe oder Farbänderung vermittelt werden. Auch Positions-Angaben wie „oben links" oder „unten rechts" sind mono-sensorisch. Eine blinde Person bekommt Informationen nur linear ausgegeben und kann mit dieser Information im digitalen Kontext nichts anfangen.

Nicht-Text-Elemente
Mit Nicht-Text-Inhalten bzw. Elementen sind alle Inhalte gemeint, die nicht als konventioneller Text vorhanden sind. Dazu zählen vor allem Grafiken, grafische Bedien-Elemente, aber auch Formular-Elemente wie Eingabefelder oder Checkboxen sowie Hyperlinks.

Normativ/informativ
Alle offiziellen Dokumente der WAI werden in normativ und informativ aufgeteilt. Normative Dokumente wie die WCAG sind kanonisch. Sie haben einen langen Prozess durchlaufen und werden nur selten geändert.

Informative Dokumente wie die Techniques werden häufiger angepasst bzw. korrigiert. Sie gelten anders als die WCAG nicht als verpflichtend.

PDF Accessibility Checker (PAC)
Der PAC ist ein kostenloses Windows-Programm zur Prüfung von PDFs auf Konformität mit dem Standard PDF UA. Er wird häufig zur einfachen Prüfung von PDF-Dateien verwendet, stiftet bei Laien aber mehr Verwirrung als hilfreich zu sein. Er sollte als Profi-Werkzeug wie Acrobat oder Quark Xpress betrachtet werden.

PDF Universal Accessibility (PDF UA)

PDF UA ist ein technischer Standard für barrierefreie PDFs. Er definiert bestimmte Technische Anforderungen, welche die Zusammenarbeit der drei Schichten Dokument, Lese-Programm und assistive Technologie ermöglichen sollen. Ansonsten richtet sich der Standard in erster Linie an die Entwickler von PDF-Programmen zur Erstellung oder Bearbeitung von PDF.

Reflow/PDF Reflow

Reflow bezeichnet eine Technik, bei der die visuelle Struktur eines Dokuments etwa bei Zoom aufgelöst und an die Größe des Fensters oder an den Zoom angepasst wird.

Während Reflow bei modernen Webseiten Standard ist, gibt es bei PDF derzeit keine offizielle Technik, um Reflow umzusetzen. Acrobat hat einen eigenen Reflow-Modus, der aber nicht Teil des PDF-UA- bzw. des offiziellen PDF-Standards ist.

RFC – Request for comments

Request for comments ist eine Sammlung von Begriffen und deren Verwendung in technischen Dokumenten. Da viele Begriffe interpretationsfähig sind, wird das RFC als fester Kanon verwendet. So sind Begriffe wie „soll, muss, kann" in ihrer Verwendung im RFC fest definiert, wenn sie im Englischen in den technischen Dokumenten großgeschrieben werden.

Screenreader/Bildschirm-Leser

Ein Screenreader ist eine spezielle assistive Technologie in erster Linie für blinde Menschen. Er liest Informationen aus der Barrierefreiheits-Schnittstelle aus und gibt sie als Sprache oder Blindenschrift/Braille aus. Die Sprachausgabe ist ein reines Ausgabe-Medium und nicht identisch mit dem Screenreader.

Gängige Betriebssysteme verfügen über rudimentäre, teils auch ausgefeilte integrierte Screenreader. Auf Windows-Systemen werden häufig eigene Screenreader installiert. Das sind vor allem der kostenlose NVDA sowie das kostenpflichtige Jaws.

Screen Magnifier/Vergrößerung

Der Screen Magnifier ist ein Programm, um Inhalte einer Benutzeroberfläche zu vergrößern. In Deutschland spricht man häufig auch von Bildschirm-Lupe. Einfache Bildschirm-Lupen sind in den gängigen Betriebssystemen integriert.

Daneben gibt es dedizierte Magnifier für stark sehbehinderte Personen wie Zoomtext oder Magic. Sie ermöglichen neben der Vergrößerung auch die Verwendung eigener Farbschemata, die Anpassung von Tastatur-Fokus oder Mauszeiger und vieles mehr. Teils sind auch Vorlesefunktionen integriert.

Section 508

Im anglo-amerikanischen Bereich wird häufig die Section 508 erwähnt. Es handelt sich um die Vorgaben für Barrierefreiheit für amerikanische Bundesbehörden.

Davon zu unterscheiden ist der Americans with Disabilities Act. Er schreibt Barrierefreiheit auch für Privat-Unternehmen vor.

Sensory Characteristics/sensorische Merkmale

Sensorische Merkmale sind Informationen, die nur über einen Kanal vermittelt werden, etwa über optische Informationen wie Farbe, Form, Position oder über Ton.

Bei solchen Merkmalen ist ein weiterer, von diesem Sinneskanal unabhängiger Informationskanal bereit zu stellen.

Semantik/Maschinenlesbar

Semantik heißt, dass die Rolle eines Elements und ggf. ihr Zustand durch eine Maschine verstanden werden kann. Wird zum Beispiel ein Formular vollständig mit gängigen HTML-Standards programmiert, kann eine Software wie ein Screenreader erkennen, ob es sich um ein Text-Eingabefeld oder ein auswählbares Element wie eine Checkbox handelt und welchen Zustand die Checkbox hat, also ob sie aktiviert oder nicht aktiviert ist. Ist die Checkbox zwar visuell, aber nicht maschinell als Checkbox erkennbar, kann die AT nichts damit anfangen.

In diesem Zusammenhang wird auch von Namen, Rolle und Wert gesprochen (Name, Role, Value). Bei dem Beispiel Checkbox ist der Name das visuell sichtbare Element, die Rolle ist Checkbox und der Wert ist aktiviert oder nicht aktiviert.

Sprachausgabe

Eine Sprachausgabe ist ein Ausgabe-Medium für textliche und Struktur-Informationen. In der Regel ist sie ein Modul einer assistiven Technologie wie eines Screenreaders oder einer Vorlese-Software für Lesebehinderte.

Es gibt synthetisch und eher natürlich klingende Sprachausgaben. Blinde arbeiten eher mit synthetischen Sprachausgaben.

Die Sprachausgabe wird häufig synonym mit dem Screenreader genannt, allerdings kann ein Screenreader Informationen auch als Blindenschrift ausgeben und unterschiedliche Sprachausgaben verwenden.

Tab Order/Tab-Reihenfolge

Die Tab-Reihenfolge beschreibt die Reihenfolge, in welcher sich der Tab durch anklickbare Elemente bewegt.

Tag/Tagging/getaggt

Tags heißt in etwa Markierung. Tags sind für die oben genannte Semantik wichtig, um Elemente für Maschinen lesbar zu machen. Tagging ist der Vorgang des Zuweisens von Tags.

Transkripte für Texte

Ein Text-Transkript ist die Verschriftlichung eines Audio- oder Video-Inhalts. Es funktioniert ähnlich wie ein Drehbuch: Es wird also nicht nur das Gesprochene verschriftlicht, sondern auch wer was wie gesagt hat sowie auch wichtige Geräusche oder Ereignisse. Das Ziel ist, dass der Lesende gut nachvollziehen kann, was in dem multimedialen Inhalt geschehen ist, ohne es gehört/gesehen zu haben. Das Transkript kann sich an hör- oder sehbehinderte Personen wenden.

Trennung von Struktur, Gestaltung und Verhalten

Ein Hauptfaktor der digitalen Barrierefreiheit ist die Trennung von Struktur, Gestaltung und Verhalten. Das Ziel ist, dass die Inhalte unabhängig von der grafischen Gestaltung korrekt dargestellt werden können. Dies funktioniert bei PDF-Dokumenten aktuell nicht, siehe dazu auch das Thema Reflow.

Untertitel/Captions

Untertitel für Gehörlose und Schwerhörige verschriftlichen in Videos das gesprochene Wort sowie wichtige Hintergrund-Geräusche. Geschlossene Untertitel (closed captions) sind vorzuziehen. Sie können aus- und zugeklappt werden. Deshalb stören sie nicht jene Personen, die sie nicht benötigen.

Validierung/Validität/valider Code

Validität hat zumindest zwei Bedeutungen:

- Ein Code soll bestimmte formale Anforderungen erfüllen, um richtig zu funktionieren. Man nennt das Validität. PDFs können zum Beispiel mit dem PAC auf Validität geprüft werden. Bitte beachten Sie, dass schon kleine Fehler im Code tausende von Fehlermeldungen auslösen können.
- Bei der Validierung zum Beispiel von Eingaben in einem Formular werden die eingegebenen Informationen auf formale Korrektheit überprüft. So muss eine Telefonnummer Ziffern enthalten, eine Mail-Adresse ist auf eine bestimmte Weise aufgebaut. Die Validierung soll automatisch prüfen, ob eingegebene Daten sinnvoll sind. Das ist bei PDF-Formularen heute eher selten, könnte aber in Zukunft eine größere Rolle spielen.

Vorlese-Funktion

Vorlese-Funktionen sind Hilfen, um sich Texte vorlesen zu lassen. Es gibt sie innerhalb von Programmen, etwa im Adobe Reader, in Microsoft Office oder im Edge-Browser, aber auch auf der Ebene des Betriebssystems.

Die Vorlese-Funktionen richten sich nicht an Blinde. Sie lesen nur Text, aber keine Bild-Beschreibungen oder Struktur-Informationen vor. Daher sagen sie wenig über die Barrierefreiheit eines Dokuments aus.

Web Content Accessibility Guidelines (WCAG)

Die Web Content Accessibility Guidelines (WCAG) werden von einer Arbeitsgruppe des World Wide Web Consortiums entwickelt – der WAI.

Sie sind praktisch die Basis für alle nationalen Richtlinien zur Web-Barrierefreiheit. Sie wirken sich aber auch in andere Bereiche wie barrierefreie Dokumente oder barrierefreie Software aus. Der letzte Stand ist WCAG 2.1 aus dem Juli 2018.

Web Accessibility Initiative (WAI)

Die Web Accessibility Initiative ist eine Arbeitsgruppe des World Wide Web Consortiums. Sie entwickelt zahlreiche Standards und Empfehlungen zur Web-Barrierefreiheit. Die WCAG sind die Wichtigsten, aber nicht die einzigen Dokumente dieses Gremiums. Im Zweifelsfall ist die WAI die letzte Entscheidungs-Instanz, wenn es um barrierefreie Webseiten geht.

Aus den Standards der WAI, vor allem aus der WCAG, werden auch die Anforderungen für barrierefreie Dokumente abgeleitet.

World Wide Web Consortium (W3C)

Das World Wide Web Consortium (W3C) ist ein internationales Gremium. Es entwickelt und betreut die meisten Standards zum Web wie etwa HTML, CSS, aber auch die Standards zur Barrierefreiheit wie die WCAG. Viele dieser Standards sind auch für elektronische Dokumente relevant.